행복한 **수학영재**로 키워주는

어린이를 위한 수학의 역사 4

행복한 수학영재로 키워주는

어린이를 위한
수학의 역사 4

데카르트에서 미적분학의 발명까지

*후지와라 야스지로·이광연 지음

살림어린이

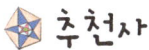 추천사

　무슨 일이든 좋아서 하지 않으면 잘할 수 없습니다. 수학도 마찬가지입니다. 잘하려면 먼저 좋아해야 합니다. 수학과 친숙해지면 자연히 사물에 대한 사고방식이 정확하고 논리적이 됩니다. 수학의 효과는 그뿐만이 아닙니다. 수학을 사랑하는 사람은 세상을 둘러싼 아름다운 조화를 주위의 모든 사물에서 느낄 수가 있습니다. "신의 생활은 곧 수학이다."라고 노발리스(Novalis)는 말했습니다.
　우리가 수학을 좋아하게 되는 이유는 여러 가지이겠지요. 말보다 계산법을 먼저 깨우쳤다는 가우스(F. Gauss)같은 천재는 아마도 태어나면서부터 수학을 사랑했을 겁니다. 반면 19세기의 유클리드(Euclid)라고 불리던 슈타이너(J. Steiner)처럼 열 몇 살이 되어서야 처음으로 수학 공부가 좋아진 경우도 있습니다. 가장 이상적인 것은 초등학교 시절에 수와 도형을 통해서 수학을 좋아하는 싹을 키우는 것입니다. 고학년이 되어 시험을 위해 어쩔 수 없이 수학을 공부하게 되면 이미 제일 어려운 과목, 싫은 과목으로 느껴질 테니까요.

　어떻게 하면 우리 아이들이 수학을 좋아할 수 있도록 가르칠 수 있을까? 세상의 모든 수학 선생님들이 고민하고 계시지만 왕도는 없겠지요. 그러나 가장 필요한 것은 무엇보다 재미있게 수학을 설명하는 일이라고 생각합니다. 음식을 먹을 때 아이들은 영양 성분에 대해서는 전혀 관심이 없습니다. 그저 맛있으면 즐겁게 먹지요. 어른들처럼 맛은 좀 없지만 몸에 좋으니까 하면서 먹는 아이들은 결코 없습니다. 마찬가지로 수학 수업을 맛있는 음식처럼 먹을 수 있게 하려면 아이들의 눈높이에서 수학의 원리를 재미있게 설명해서 이해할 수 있도록 해주어야 합니다.

  이 책은 수학이 어떻게 탄생하고 발전해 왔는지 역사를 소개하고, 그 역사 속에서 수많은 학자들이 연구를 위해 흘린 땀과 정열과 좌절, 기쁨을 재미난 일화와 버무려 들려줍니다. 꿈이 실마리가 되어 '해석기하학'이라는 수학의 한 분야를 만들어낸 데카르트나 불우했던 어린 시절을 극복하고 위대한 수학자가 되었던 뉴턴의 이야기를 들으면서 수학에 재미를 느끼게 될 것입니다. 그리고 오일러의 한 붓 그리기나 숫자 조합으로 만드는 마방진 놀이는 수학에 대한 흥미를 유발해 아이들의 학습 욕구를 높여줄 것입니다. 부디 우리 아이들이 이 책을 통해 이 세상에 가득한 수학의 원리를 재미있게 깨달을 수 있게 되기를 바랍니다.

                서울대학교 자연과학대학 수리과학부 교수 김도한

독자 여러분에게

이 책은 너희들이 초등학교에서 배우는 수학의 역사를 쓴 이야기야. 역사라고 하면 어느 나라, 어느 지역의 이야기라고 생각하겠지만, 국어도 과학도 수학도 모두 재미난 역사가 있단다.

너희들, 쌀 한 되라는 말 들어본 적 있니? 되는 지금으로 계산하면 1.8리터야. 귀찮게 1.8리터가 뭐야, 그냥 2리터로 하지, 이런 생각이 들지? 하지만 그 뒤에는 모두 이유가 있단다. 평소 궁금한 사실은 그 배경이 되는 역사를 살펴보면 "아, 그랬구나!" 하고 이유를 알 수 있어. 그래서 역사를 조사하는 일은 굉장히 재미

있단다.

　이 책은 수학에 대해서도 너희들이 궁금해 하던 사실을 재미있게 알 수 있도록 쓴 거야. 수학이 어떻게 발달했는지 발전 과정을 따라가면서 흥미를 느끼게 되고 학교에서 배우는 수학도 재미있게 배울 수 있을 거야. 학교 수학 시간이 따분한 친구들에게는 특별히 이 책을 열심히 읽으라고 권하고 싶구나. 또 평소 수학을 좋아하는 친구들은 옛날의 유명한 수학자들이 어떻게 역사에 남을 위대한 발견을 하게 되었는지 알 수 있으니까 꼭 읽었으면 좋겠고.

　이 책은 역사 이야기지만 역시 수학 이야기니까 내용마다 너희들이 스스로 고민하고 생각하면서 열심히 읽었으면 해.

　이 세상 모든 어린이가 수학의 재미에 푹 빠져들기를 바라면서.

2008년 4월 저자

차례

추천사 • 5

독자 여러분에게 • 8

 제1장 꿈을 현실로 만든 데카르트

1. 음수의 역사 • 16
2. 데카르트의 생애 • 22
3. 도나우 강가에서 꿈을 꾸다 • 27
4. 데카르트의 마지막 날들 • 32

할아버지의 수학⁺ 미니 강좌
: 천장의 파리에서 착안한 해석기하학 • 34

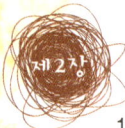 제2장 천재 파스칼

1. 천재 소년 파스칼 • 38
2. 지나치게 공부하다 • 42

할아버지의 수학⁺ 미니 강좌
: 파스칼로부터 시작된 확률론 • 48

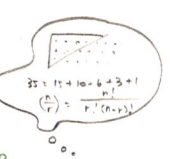

제3장 화폐는 처음에 어떻게 생겨났을까?

1. 돈이 태어난 이야기 • 52
2. 소와 모피가 돈이었던 이야기 • 55
3. 조개껍데기로 만든 돈 • 58
4. 금, 은, 동으로 만든 돈 • 62
5. 우리나라의 돈 이야기 • 65

할아버지의 수학⁺ 미니 강좌
: 우리나라의 화폐 단위는 어떻게 바뀌어왔을까? • 68

제4장 인류의 위대한 스승 뉴턴

1. 싸우고 나서 공부에 흥미를 갖게 된 뉴턴 • 72
2. 사과가 떨어진 이유 • 77
3. 뉴턴의 재미있는 실수 • 81
4. 뉴턴의 세 가지 법칙 • 86

할아버지의 수학⁺ 미니 강좌
: 뉴턴의 『프린키피아』는 어떤 책인가? • 90

뉴턴과 겨룬 라이프니츠

1. 누가 먼저 미적분학을 발명했을까? • 94
2. 좋은 스승을 만난 라이프니츠 • 97
3. 뉴턴과의 지식 경쟁 • 101
4. 라이프니츠의 천재성 • 103

할아버지의 수학⁺ 미니 강좌
: 미분과 적분이란? • 105

우리나라의 수학은 어떻게 발전해 왔을까?

1. 옛날 우리나라의 수학 • 110
2. 조선 최고의 수학자 경선징 • 117
3. 중국을 긴장시킨 수학자 홍정하 • 119

할아버지의 수학⁺ 미니 강좌
: 홍정하의 『구일집』은 어떤 책인가? • 125

재미있는 일본의 와산

1. 와산이란 무엇인가? • 130
2. 재미있는 옛날 일본의 수학 문제 • 133

할아버지의 수학⁺ 미니 강좌
: 미적분학을 생각해 낸 일본의 수학자 세키 다카카즈 • 138

제8장 뉴턴 이후의 위대한 수학자들

1. 장애를 뛰어넘은 오일러 • 142
2. 미터법을 만든 라그랑주 • 146
3. 몽주와 화법기하학 • 149
4. 위대한 수학자 가우스 • 152
5. 여성이라는 편견에 맞선 코발레프스카야 • 157

할아버지의 수학⁺ 미니 강좌
: 한 붓 그리기 • 162

제9장 마방진은 어떻게 만들어졌을까?

1. 거북이 등에서 시작된 마방진 • 166
2. 여러 나라의 마방진 • 170
3. 마방진 만들기 • 177

할아버지의 수학⁺ 미니 강좌
: 마방진은 어디에 사용되었을까? • 182

수학에 대해서라면 모르는 것이 없으신 정민이 할아버지는 동네에서 수학 할아버지로 불린답니다. 할아버지께서는 밤마다 마당에 피워 둔 모닥불 옆에서 아이들에게 수학의 역사와 수학자에 대한 재밌는 이야기를 들려주시지요.
자, 이제 할아버지의 이야기를 함께 들어 볼까요?

제1장

꿈을 현실로 만든
데카르트

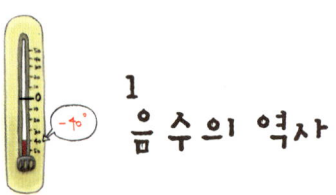

1 음수의 역사

최초로 음수를 사용한 사람은 누굴까? 그는 철학자로도 잘 알려진 데카르트란다. 이 데카르트에 대해서 이야기하기 전에 음수에 대해 먼저 얘기해 줄게.

음수는 '-5'나 '-7'처럼 0보다 작은 수를 말한단다. 음수와 반대되는 보통의 수, 즉 0보다 큰 수는 양수라고 해. 1, 9, $\frac{1}{3}$, 0.8과 같은 수말이야. 그럼 0보다 작은 수가 왜 필요할까? 그건 음수가 없다면 할 수 없는 여러 가지 계산이 가능해지기 때문이야. 예를 들어 음수를 배우기 전에는 뺄셈 '3-8'은 계산할 수 없다고 생각할 거야. 하지만 음수를 사용하면 "5가 부족해요."라든가 "-5입니다."라고 멋지게 대답할 수 있어.

  음수가 수학에 도움을 주는 역할이 이것만은 아니란다. 이를테면 에베레스트 산 정상의 기온은 영하 40°C 이하라고 해. 그런데 영하 40°C를 간단히 표시하면 어떻게 될까? 그래 -40°C로 나타낼 수 있지. 기온을 음수로 나타내는 것은 텔레비전에서 일기 예보를 할 때 많이 들어 봤을 거야. 또 에베레스트 산의 높이는 해발

8,848m라고 하는데, 이와 반대로 바다 밑 500m는 어떻게 표시할까? 그래, 해수면을 기준으로 해수면보다 높으면 양수로, 해수면보다 낮으면 음수로 나타낼 수 있겠지. 그래서 비다 밑 500m는 -500m로 나타낼 수 있어.

그럼 이런 음수는 누가 언제 생각해낸 걸까?

디오판토스의 음수

디오판토스(Diophantos, 246?~330?)는 알렉산드리아에서 활동한 그리스의 수학자야. 당시 수학자들은 대부분 기하학자들이었는데, 디오판토스는 산술을 가르치는 선생이었지. 그가 쓴 산술책 『산수론Arithmetika』은 『린드 파피루스』가 발견되기 전까지 세계에서 가장 오래된 책으로 알려졌단다.

디오판토스는 음수에 대해 최초로 언급한 사람이야. 그의 책에는 "빼는 수와 빼는 수를 곱하면 더하는 수가 된다."고 쓰여 있어. 지금의 수학식으로 생각하면 $(-8) \times (-4) = +32$와 같은 이야기지만, 정확하게 인식한 것은 아니었기 때문에 '3-8'과 같은 계산은 할 수 없다고 생각했지.

바스카라의 음수와 빚

바스카라(Bhāskara, 1114~1185)는 인도의 수학자로 디오판토스보다 훨씬 분명하게 음수의 개념을 이해하고 있었어.

바스카라는 '+'의 양수와 '-'의 음수의 관계를 '자산'과 '부채(빚)'로 표현했는데, 상당히 뛰어난 생각이었지. 다시 말해 '+5'일 때에는 5원의 재산이 있고, '-5'일 때에는 5원의 빚을 지고 있다고 생각한 거야.

바스카라는 음수와 양수로 방향을 나타내기도 했단다. 예를 들어 한 지점에서 동쪽으로 5미터를 '+5'로 표시했다면 서쪽으로

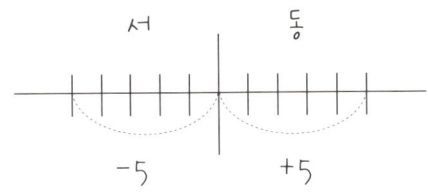

5미터를 '-5'로 표시한 거야.

당시 인도 사람들은 음수의 개념을 명확히 인식하고 있었지만, 안타깝게도 계산할 때는 충분히 활용하지 못했단다.

비드만의 음수

독일의 비드만(Johannes Widman, 1462~1498)은 1489년경 덧셈과 뺄셈을 나타내는 '+', '-'의 부호를 처음으로 사용했단다. 이때 사용한 '-'는 뺄셈 기호 외에도 '부족한 수'를 나타냈기 때문에 음수의 의미를 어렴풋이나마 표현했다고 볼 수 있어.

파치올리의 음수

이탈리아의 파치올리(Luca Pacioli, 1445?~1510?)는 비드만과 같은 시대 사람으로 "마이너스에 마이너스를 곱하면 플러스가 된다."고 말했단다. 디오판토스도 "빼는 수와 빼는 수를 거듭하면 더한 수가 된다."라고 말했었지만, 파치올리는 음수에 대해 더욱 정확하게 인식하고 있었어.

슈티펠의 음수

16세기가 시작될 무렵부터 사람들은 점차 음수에 대해 인식하기 시작했어. 독일 수학자 슈티펠(Michael Stifel, 1486~1567)은 음수를 '없는 것보다 작은 수'라고 했는데 바로 0보다 작은 수라는 뜻이지. 또 영국의 수학자 해리엇(Thomas Harriot, 1560~1621)은 다음과 같은 방정식에 음수를 사용했어.

$2x + 8 = -5$

이후에야 비로소 음수는 명확한 개념으로 정리되기 시작했단다.

인도의 바스카라 이후 16세기 이전까지 음수에 대한 연구는 별다른 발전을 이루지 못했어. 음수는 꽤 어려운 개념 중 하나였기 때문이야. 그런데 이 음수를 하나의 그림 위에서 양수와 대비되도록 명확하게 나타낸 사람이 바로 데카르트란다. 이제 데카르트에 대해서 자세히 알아보자구나.

2 데카르트의 생애

R. 데카르트

유명한 철학자이기도 했던 데카르트(René Decartes, 1596~1650)는 1596년 3월 31일에 프랑스 파리에서 태어났어. 철학자 파스칼보다 조금 앞서 태어났지만 거의 같은 시대를 살았지. 데카르트 가문은 평판이 높은 귀족 집안이었고, 아버지는 프랑스 고등법원의 관리였어. 데카르트는 삼형제 중 둘째로 태어났는데 그의 어머니는 데카르트를 낳고 폐병으로 일찍 세상을 떠났단다. 데카르트 역시 어릴 때부터 허약하고 늘 창백한 얼굴에 기침이 끊이지 않아서 의사도 오래 살지 못할 것이라고 했대. 하지만 그 때문에 데카르트는 더욱 건강에 주의해서 오히려 쉰네 살까지 살았단다.

데카르트는 여덟 살에 학교에 입학했는데, 프랑스에서 훌륭하고 유명한 학교였어. 학교 규칙은 대단히 엄격했지만, 데카르트는 얌전하고 선생님 말씀을 잘 듣는 모범생이었단다.

데카르트가 그렇게 잘생긴 얼굴은 아니었나 봐. 초상화를 보면 머리는 크고, 코는 지나치게 높은 데다 눈썹은 아래로 축 처진 얼굴이니 말이야. 그의 허약한 체질을 알고 학교에서도 많은 배려를 해 주었어. 기상 시간도 다른 학생들보다 늦추어 주었단다. 덕분에 데카르트는 어른이 되어서도 늦잠 자는 습관을 버리지 못했다고 해.

데카르트는 학창 시절에 자기보다 일곱 살이나 많은 메르센(Marin Mersenne, 1588~1648)과 알게 되어 평생 친구로 지냈어. 어릴 적에 좋은 친구를 만나는 일은 정말 중요한 일이지. 메르센은 당시의 위대한 수학자들과 편지를 주고받으며 수학을 연구했단다. 특히 그는 1644년에 펴낸 『물리수학의 고찰』이라는 책에서 소개한 소수로 잘 알려져 있지. 2^p-1의 형태로 2를 여러 번 곱한 것에서 1을 뺀 것이 소수일 때 이를 그의 이름을 따서 '메르센 소수'라고 해.

데카르트는 과목 중에서 수학을 제일 잘했기 때문에 열여섯 살 때 학교를 졸업하고 파리를 떠나 그곳에서 기하학을 공부했단다. 당시 프랑스의 귀족들이 선호하는 직업은 군인이나 목사였지. 선생님이나 공무원은 명망 있는 귀족이 할 일이 아니라고 생각했단다. 하지만 데카르트는 아직 철학자가 될지 수학자가 될지, 아니면 군인이 될지 마음을 정하지 못하고 있었어. 평범한 시민으로 태어났다면 주위를 의식하지 않고 자기가 좋아하는 일을 할 수 있었겠지만, 귀족으로 태어난 데카르트는 그럴 수 없었던 거야. 데카르트의 아버지는 그가 군인이 되길 바라셨어. 데카르트도 처음에는 망설였지만, 자신을 단련시킬 생각으로 스무 살 되던 해 네덜란드로 떠나 이 년간 군 생활을 했단다. 당시는 전쟁도 없고 군대 생활이 시간적으로 여유로웠기 때문에 좋아하는 수학도 마음껏 연구할 수 있었어.

어느 날 거리를 산책하던 데카르트는 네덜란드어로 된 간판을 보고 지나가던 신사에게 무슨 뜻인지 물어보았어. 그 신사는 당시 유명한 수학자였던 버크만이었는데 장난기가 발동한 버크만은 데카르트에게 "이 수학 문제를 풀어오면 알려주겠다."고 내기를 했단다.

어려운 수학 문제를 일개 프랑스 장교가 풀 수 없을 것이라고

생각했기 때문이지. 하지만 데카르트는 문제를 풀고 약속한 날짜에 버크만을 찾아갔단다. 그 문제는 실력 있는 수학자들도 풀기 어려운 것이었기 때문에 버크만은 놀라지 않을 수 없었어. 데카르트의 천재성에 감탄하며 장래 뛰어난 수학자가 될 것을 예측했다고 해.

3 도나우 강가에서 꿈을 꾸다

 버크만에게 천재성을 인정받고 수학을 공부하던 데카르트는 점차 군대 생활에 싫증을 느끼게 되었어. 그렇지만 1618년부터 1648년까지 독일을 무대로 프로테스탄트와 가톨릭 간에 벌어진 종교전쟁인 30년 전쟁이 시작되자 데카르트는 네덜란드를 떠나 바이에른후국의 막시밀리안 의용군으로 참가했지.

 어느 날 밤 데카르트의 군대는 도나우 강가에서 적과 대치하며 야영을 하고 있었단다. 1619년 12월 10일 밤이었어. 초겨울이었지만 대포와 소총을 든 손이 얼어붙을 정도로 추운 날씨였지. 데카르트는 그날 밤, 도나우 강에 비친 차가운 달빛 아래서 세 가지 꿈을 꾸었단다. 과연 어떤 꿈을 꾸었던 걸까?
 그건 바로 데카르트가 이룩한 수학 업적 중 가장 유명한 '해석

기하학'에 대한 꿈이었어. 꿈 속에서도 수학 생각을 하다니, 천재 수학자답지 않니? 훗날 데카르트는 이 도나우 강가에서 꾼 꿈이 실마리가 되어 해석기하학이라는 학문을 새로 만들어냈다고 해.

해석기하학은 기하학을 하는 한 가지 방법이야. 기하학이란 도형의 길이나 넓이, 각도 등의 양을 측정하거나 공간의 수학적 특성을 연구하는 학문이라는 것은 이미 알고 있지?

좌표기하학이라고도 하는 해석기하학은 대수적인 기호와 방법을 이용해 기하문제를 풀고 표현해.

그러니까 그날 밤 데카르트가 꾼 꿈은 그래프에 관한 학문에 대한 것이었던 거야. 데카르트는 꿈 속에서 본 그래프를 실제로 발명하게 된 거지.

그래프에는 여러 가지 종류

가 있어. 예를 들어 1학년부터 6학년 때까지 자란 키를 막대로 표시하면 얼마나 컸는지 한눈에 쉽게 볼 수 있지. 이것이 너희들도 잘 알고 있는 막대그래프란다. 또 너희들이 병원에 갔을 때 간호사가 매일 열을 재서 그림에 표시해 두는 것을 본 적이 있지? 이것 역시 그래프의 한 종류야.

일년 중 기온의 변화, 수출 증가율, 평균수명, 학생 수의 변화 등을 그림으로 나타낸 것도 마찬가지로 모두 그래프를 응용한 것이란다. 이렇게 그래프는 현대 생활의 여러 방면에서 쓰이고 있는

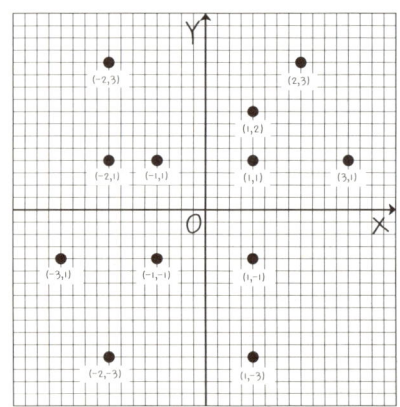

데, 바로 이 그래프를 데카르트가 처음 생각해낸 것이지.

　옆의 그림이 데카르트가 만든 그래프의 원조라고 할 수 있어. 중앙에 열십자로 그어 놓은 두 개의 축이 있지. 가로로 놓인 축을 X축, 세로로 놓인 축을 Y축이라고 하고 열십자가 만나는 지점을 원점 0이라고 해.

　이렇게 Y축에서 오른쪽을 양수, 왼쪽을 음수로 표시한단다. 또 X축의 위쪽을 양수, 아래쪽을 음수로 표현하지. 이 X축과 Y축으로 만들어진 평면을 좌표평면이라고 해.

　앞에서 데카르트가 음수를 처음으로 정확히 사용했다고 이야기한 것 기억나지? 바로 이 그래프에서 음수가 본격적으로 사용된 거야. 데카르트는 여러 가지 사물의 변화하는 모습을 그래프 위의 좌표로 나타냈어. 앞에서도 말했지만 해석기하학은 바로 이런 것을 연구하는 학문이란다.

4 데카르트의 마지막 날들

그래프 꿈을 꾼 뒤 데카르트는 군대를 그만두었어. 그후 오 년 동안 독일, 덴마크, 폴란드, 스위스, 이탈리아 등 여러 나라를 다니며 꿈 속에서 본 것을 연구했단다.

1625년 다시 파리로 돌아온 그는 유명한 수학자들과 교류하면서 학문적 업적을 쌓았어. 하지만 파리의 환경은 데카르트의 몸에 좋지 않기 때문에 다시 폴란드로 가 이십 년 동안 철학과 수학 연구에 몰두했지. 데카르트의 명성이 날로 높아지자, 스웨덴 여왕이 자신의 수학 교수로 데카르트를 초빙했어. 여왕의 간절한 부탁에 데카르트는 스웨덴으로 건너가 여왕을 가르치는 한편 수학 연구에 전념했지. 하지만 스웨덴의 추운 기후와 과로로 건강이 악화된 데카르트는 1650년 안타깝게도 폐렴에 걸려 세상을 떠났단다.

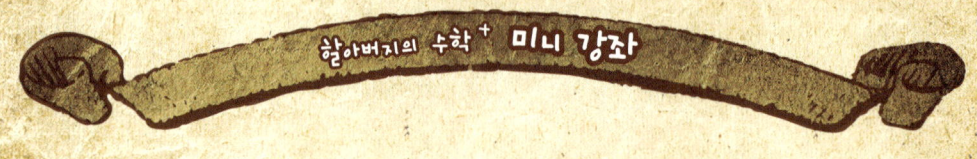

천장의 파리에서 착안한 해석기하학

데카르트가 해석기하학을 만들게 된 동기를 설명하는 여러 가지 이야기가 있는데, 그 중에서 해석기하학이 어떤 학문인지 잘 보여주는 일화를 소개할게.

데카르트는 여느 날과 마찬가지로 늦잠을 잤는데, 일어나지 않고 침대에 누워있었단다. 졸린 눈을 비비며 천장을 보고 있을 때 마침 천장 구석에서 날아다니는 파리 한 마리를 발견했어. 그 파리는 방안 여기저기를 날아다니다가 천장에 붙어서 벽을 돌아다니기 시작했지. 무심코 파리를 보고 있던 데카르트는 천장에서 파리의 위치를 나타내는 방법을 생각하기 시작했어.

어떻게 하면 천장에 붙어 있는 파리의 위치를 정확하게 나타낼 수 있을까?

고민을 하던 데카르트는 두 벽이 수직으로 연결되어 있는 것을 보고 벌떡 일어났단다. 두 벽이 수직으로 연결된 것에 착안하여 좌표평면을 생각하게 된 것이지. 이렇게 해서 수학에 새로운 세상을 열어줄 분야가 탄생하게 되었단다.

그럼 좌표와 좌표평면에 대하여 자세히 알아볼까?

다음 그림과 같이 수직선은 원점 O과 단위 길이를 정하여 직선 위의 점에 수를 대응시킨 것이란다. 수직선 위의 점에 대응하는 수를 그 점의 좌표라고 하며 좌표가 a인 점을 기호로 P(a)와 같이 나타내지.

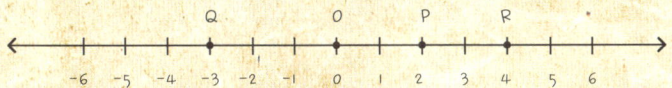

이를테면 그림에서 점 P, Q, R의 좌표를 기호로 나타내면 각각 다음과 같단다.

P(2), Q(-3), R(4)

데카르트가 했던 평면 위의 점을 나타내는 방법을 알아보려면 먼저 순서쌍을 알아야 해. 순서쌍이란 말 그대로 순서를 가지고 있는 두 수의 쌍으로 (,)안에 수를 써서 나타낸단다. 그런데 (,)안에 있는 두 수가 같더라도 그 순서가 다르면 서로 다르게 돼. 예를 들어 (3,2)와 (2,3)은 둘 다 2와 3으로 되어 있지만 서로 달라. 평면 위의 점을 순서쌍으로 나타내서 그것을 좌표평면에 표시하는 방법을 설명해주면 그 이유를 알게 될거야.

그림과 같이 두 수직선을 각각의 원점 O에서 서로 수직으로 만나게 그려야 해. 이때, 가로 수직선을 X축, 세로 수직선을 Y축이라고 하며, 두 축을 통틀어 좌표축이라고 하지. 또 두 좌표축의 교점 O를 원점이라고 하고.

평면 위의 점 P에서 X축, Y축에 각각 수선을 내려서 그 수선이 X축, Y축과

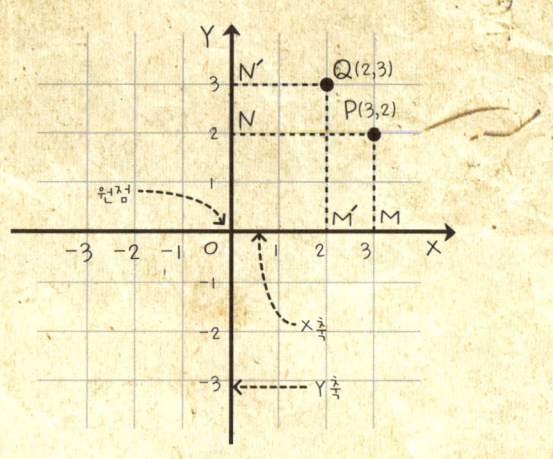

만나는 교점을 각각 M, N이라고 해. 만일 수직선 위에서 M의 좌표가 3이고, N의 좌표가 2이면 이들을 짝지은 순서쌍 (3,2)로 점 P의 위치를 나타낼 수 있어. 이때 (3,2)를 점 P의 좌표라 하며 기호로 P(3,2)와 같이 나타낸단다. 이때 3을 점 P의 X좌표, 2를 점 P의 Y좌표라고 해. 마찬가지로 점 Q에서 두 수직선에 내린 교점을 M′, N′라 할 때, M′의 좌표는 2이고 N′의 좌표는 3이지. 점 Q의 좌표는 결국 (2, 3)이야. 점 P와 점 Q는 좌표평면 위에서의 위치가 다른 것을 알겠지? 이와 같이 좌표축을 사용하여 모든 점의 위치를 좌표로 나타낼 수 있는 평면을 좌표평면이라고 한단다. 이것이 바로 데카르트가 파리의 위치를 나타내기 위해 만든 것이야.

제2장
천재 파스칼

1 천재 소년 파스칼

B. 파스칼

"될성부른 나무는 떡잎부터 알아본다."라는 속담이 있지? 뛰어난 사람은 어릴 때부터 행동이 남다르고 지혜가 뛰어난 경우가 많아. 천재 파스칼도 그런 사람이었단다.

파스칼(Blaise Pascal, 1623~1662)은 약 400년 전 프랑스의 작은 시골 마을에서 태어났어. 그의 아버지는 파스칼에게 좋은 교육을 시키기 위해 파리로 집을 옮겼단다. 파스칼은 어릴 때부터 수학에 뛰어난 재주가 있었지만, 그의 아버지는 골치 아픈 수학보다는 그리스어나 라틴어를 배우게 했어. 계속 수학책을 감추고 수학 공부를 못하게 했지.

어느 날 파스칼이 아버지에게 물었어.

"아빠, 기하학이 뭐예요?" 어린 나이에도 책을 통해서 어려운 기하학이라는 단어를 알고 있었던 거야.

"기하학이란 정확한 그림을 통해 선과 각도가 어떤 비율을 만들까, 어떤 관계가 있을까를 생각하는 학문이야. 그런 학문은 나중에 커서 공부해도 된단다."

하지만 하지 말라는 것은 더 하고 싶은 법이잖아? 탐구심이 강했던 파스칼은 그만둘 수가 없었어.

하루는 목탄으로 돌 위에 이런저런 도형 그림을 그리며 놀고 있었지. 그러다가 그 도형들 사이에 어떤 규칙이 성립하는 것을 깨닫고, 삼각형의 내각(內角)의 합이 왜 180°인지 증명할 수 있게 된 거야.

파스칼은 너무 흥분해서 아버지가 수학을 공부하지 못하도록 한 것도 잊어버리고

"아빠, 어떤 삼각형을 그려도 삼각형의 내각을 합하면 180°가 되요."라고 말하며 그 이유를 설명하기 시작했단다.

깜짝 놀란 아버지가 도대체 누구한테 배웠는지 물었는데, 파스칼이 스스로 발견했다고 말하자 감탄하셨지. 그때 겨우 파스칼은 열두 살이었어. 우리가 오학년이 되어서야 배우는 내용을 파스칼은 스스로 알아냈다는 사실이 정말 놀랍지 않니?

이쯤 되자 아버지도 더 이상 파스칼을 말릴 수 없었지. 파스칼은 모두가 어려워하는 유클리드의 기하학 책을 누구의 도움도 받지 않고 이해하고 좀 더 수준 높은 고등 수학책까지 공부했단다.

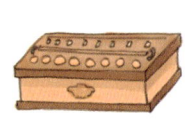

2 지나치게 공부하다

파스칼은 열네 살 때 나중에 프랑스 과학원으로 발전하게 되는 수학자들의 비형식적인 모임에 참가하기 시작했고, 열여섯 살 때에는 사영기하학에서 '신비한 육선형 정리(mystic hexagram theorem)'를 발견했단다. 이 정리는 "만일 한 육각형이 원추곡선 안에 내접한다면 육각형의 세 쌍의 대변의 교점들은 한 직선 위에 있고, 또 그 역도 성립한다."라는 것으로 다음 그림과 같아. 잘 모르겠다고? 그림을 보면 육각형 ABCDEF의 $\overline{AB}$와 $\overline{DE}$, $\overline{BC}$와 $\overline{EF}$, $\overline{CD}$와 $\overline{FA}$를 연장한 직선이 각각 점 P, Q, R에서 만나고 있잖아. 이

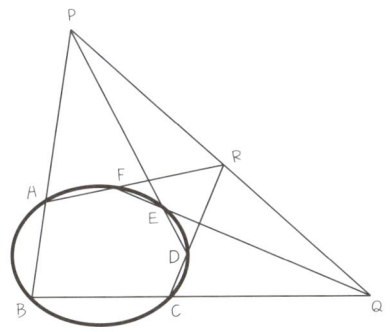

세 점 P, Q, R은 한 직선 위에 있어. 이젠 이해가 좀 되지?

이것은 그의 논문 「원추곡선에 관한 소고」에 있는 것으로 당시 그보다 스물일곱 살 연상이었던 데카르트가 이 논문의 저자가 소년이 아니라 그의 아버지라고 믿었을 만큼 훌륭했어. 그 논문을 읽은 사람들이 아르키메데스 이후 이렇게 뛰어난 수학 정리는 없다고 감탄할 정도로 파스칼의 천재성은 뛰어났지. 몇 년 뒤에 파스칼은 정부 회계를 감사하는 아버지를 위하여 최초의 계산기인 '파스칼 계산기'를 제작하기도 했단다.

파스칼이 만든 최초의 계산기

이후에도 '파스칼의 삼각형'과 같은 수준 높은 수학의 원리를 발견했지만, 젊었을 때부터 지나치게 공부했기 때문에 건강이 나빠졌어. 그래서 한때는 수학 연구를 중단하고 종교에 관심을 가져 수도원에 들어가기도 했단다. 그때가 스물일곱 살이었지. 하지만 좋아하는 수학 연구를 도저히 포기할 수 없어 다시 연구를 계속했어.

다시 수학을 연구하기 시작하여 수압에 관한 법칙을 발견하고, 「산술 삼각형론」을 썼고, 아마추어 수학의 황제인 페르마와 편지를 주고받으면서 확률론에 대한 수학적 이론의 기초를 다졌단다. 또한 1653년에 '파스칼의 삼각형'으로 알려진 「수 삼각형론」을 썼으나 출판하지는 않았어. 그러다가 1654년 말에 자신이 수학 연구를 다시 시작한 것이 신의 노여움을 샀다는 암시를 받고 다시 종교적인 명상을 시작했지. 그러나 결국 건강이 나빠져 서른아홉 살의 젊은 나이로 세상을 떠났단다.

파스칼이 수학 발전에 기여한 내용을 조금 더 얘기해줄게. 그는 산술삼각형을 다음 그림과 같이 구성했어.

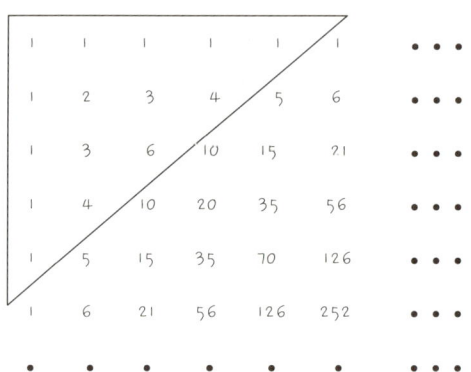

　이것은 둘째 또는 그 이후의 행에 나타나는 임의의 성분은, 그 성분의 바로 위에 있는 행의 성분들을 그 성분 바로 위에 있는 성분부터 왼쪽 끝까지의 성분들을 더한 값과 같다는 사실을 밝힌 것이란다. 넷째 항의 '35'를 예로 들면, 좀 더 쉽게 이해할 수 있을 거야. 그림에서 35가 있는 줄의 윗 쪽의 숫자들 중에서 35가 있는 열부터 왼쪽에 있는 수를 모두 합하면 바로 35가 된단다.

$$35 = 15 + 10 + 6 + 3 + 1$$

　중학교나 고등학교에 가면 식의 전개나 인수분해를 배울 텐데 그림에서와 같이 대각선을 따라서 놓여 있는 수들이 바로 이항전

개에서 나타나는 연속적인 계수란다. 예를 들면 네 번째의 대각선을 따라서 놓여있는 수들 1, 3, 3, 1은 $(a+b)^3$를 전개하면 나타나는 연속적인 계수지.

$$(a+1)^3 = \mathbf{1}a^3 + \mathbf{3}a^2 + \mathbf{3}a + \mathbf{1}$$

이러한 계수들을 찾는 것이 파스칼이 만든 산술 삼각형의 용도 중 하나야.

그는 이것을 이용하여 확률을 처음으로 수학적으로 연구하기도 했어. 확률이란 어떤 일이 일어날 수 있는 모든 가능성 중에서 특정한 일이 일어나는 경우의 수를 따지는 수학의 한 분야지.

파스칼 같은 천재가 조금 더 오래 살아 연구를 계속할 수 있었다면 수학의 발전에 더욱 많은 공헌을 했을 거야. 모두들 젊은 나이에 요절한 파스칼의 재능을 안타깝게 여겼지. 하지만 파스칼의 빛나는 천재성은 영원히 수학의 역사에 기록되어 있을 거란다.

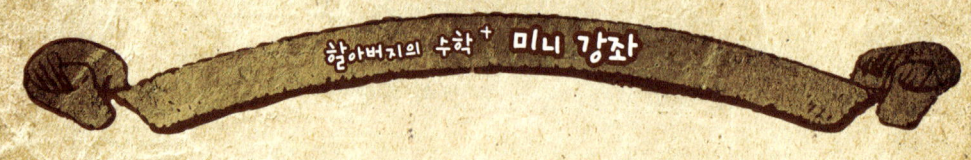

파스칼로부터 시작된 확률론

텔레비전 뉴스에 기상 캐스터가 "내일 비 올 확률은 70%입니다."라고 말하는 것을 들은 적이 있지?

그럼 확률이란 무엇일까?

주사위를 던지면 1, 2, 3, 4, 5, 6의 눈 중 하나가 나오지? 예를 들어 3이 나왔다고 한다면 모두 여섯 가지의 나올 수 있는 경우 중 한 가지가 나온 거야. 즉 여섯 가지 중 한 가지이므로 $\frac{1}{6}$ 과 같이 나타낼 수 있겠지. 주사위를 여러 번 던졌을 때 3이 나오는 횟수를 조사하여 $\frac{3의 \ 눈이 \ 나온 \ 경우의 \ 수}{눈이 \ 나온 \ 모든 \ 경우의 \ 수}$ 와 같이 나타낼 때 이 분수는 일정한 수 $\frac{1}{6}$ 에 가까워진단다. 다른 눈이 나오는 경우도 마찬가지지. 따라서 우리는 주사위를 던질 때 "3의 눈이 나올 가능성은 $\frac{1}{6}$ 이다."라고 생각할 수 있지. 이와 마찬가지로 주사위를 던질 때 1, 2, 4, 5, 6의 눈이 나올 가능성도 각각 $\frac{1}{6}$ 이라고 할 수 있어.

일반적으로 어떤 시행(예를 들어 주사위의 눈이 3이 나올 확률을 구하기 위해 '주사위를 던지는' 행위를 확률에서는 '시행'이라고 한단다.)에서 일어날 수 있는 모든 경우의 수가 n이고 각각의 경우가 일어날 가능성이 같다고 할 때,

어떤 사건 A가 일어날 수 있는 경우의 수가 a이면 사건 A가 일어날 확률 p는 다음과 같단다.

$$p = \frac{\text{사건 A가 일어나는 경우의 수}}{\text{모든 경우의 수}} = \frac{a}{n}$$

이런 확률에 대한 연구는 언제부터 시작되었을까?

고대 그리스 철학자들이 오랫동안 어떤 일이 반드시 일어나는 경우와 우연히 일어나는 경우에 대하여 논의했단다. 그렇지만 일부 이탈리아 수학자들이 주사위 게임 같은 도박 게임에서 이길 수 있는 방법을 알아내려고 했던 15세기 후반과 16세기 초반까지는 확률을 수학적으로 다루지 않았지. 확률은 '점수문제(Problem of Points)'라는 것에서부터 수학적으로 다루어지기 시작했어. 이 점수문제를 해결한 사람이 바로 파스칼이야. 그래서 확률의 시작은 파스칼부터라고 말하지.

1654년에 파스칼은 페르마와 편지를 주고받으며 점수문제를 연구했단다. 점수문제는 다음과 같아.

"기술이 똑같은 두 경기자 A와 B가 있다. A가 승리하기 위해서는 2점이 더 필요하고 B가 승리하기 위해서는 3점이 더 필요한 경기에서 내기 돈을 어떻게 분배해서 걸어야 하는가?"

파스칼과 페르마는 이 문제에서 네 번을 더 시행하면 경기 결과가 정해지는 것을 알고 A가 승리하는 경우를 a, B가 승리하는 경우를 b로 표시하여 두 글자 a와 b를 동시에 네 개 택하는 다음과 같은 열여섯 가지의 가능한 경우를 생각했단다.

 i) a가 네 번 나오는 경우

  aaaa   …… (1)

 ii) a가 세 번, b가 한 번 나오는 경우

  aaab, aaba, abaa, baaa   …… (4)

 iii) a가 두 번, b가 두 번 나오는 경우

  aabb, abab, abba, baab, baba, bbaa   …… (6)

 iv) a가 한 번, b가 세 번 나오는 경우

  abbb, babb, bbab, bbba   …… (4)

 v) b가 네 번 나오는 경우

  bbbb   …… (1)

여기서 a가 두 번 이상 나타나는 경우는 열한 번(1+4+6)이고 b가 세 번 이상 나타나는 경우는 다섯 번(4+1)이므로 내기에 11:5의 비율로 돈을 걸면 되는 것이지. 이렇게 해서 수학에서 확률이 본격적으로 연구되기 시작했단다.

제3장

화폐는 처음에 어떻게 생겨났을까?

1  돈이 태어난 이야기

옛날 사람들은 모두 자급자족했었어. 하지만 사람이 점점 늘어나고 사회 조직이 복잡해짐에 따라 자급자족의 방식으로는 사회가 유지되기 힘들어졌지. 그래서 어부는 물고기를 잡고, 농부는 농사를 짓고, 또 옷 만드는 사람은 옷만 만드는 식으로, 하는 일이 나누어졌어. 농부가 생선이 필요하면 자기가 거둔 쌀을

들고 가서 어부의 생선과 바꾸었단다. 이를테면 물물교환을 한 셈이지. 이렇게 직접 필요한 물건과 물건을 서로 바꾸었기 때문에 돈은 전혀 필요하지 않았어.

그러던 어느 날 새 옷이 필요한 어부가 생선을 가지고 옷과 바꾸러 갔단다. 하지만 옷집에서는 생선이 필요 없었기 때문에 바꿔 주지 않았어. 할 수 없이 다른 옷집을 찾아갔지만 그곳도 마찬가지였어. 시간은 자꾸 흘러 생선이 상하기 시작했단다. 어부가 울상을 짓고 있는데, 어떤 농부가 송아지 한 마리를 끌고 왔어. 어부는 송아지가 필요 없었지만, 농부가 생선을 원해서 바꾸어 주고

말았단다. 송아지를 생선과 바꾸다니, 어리석은 농부라고 생각하겠지만 농부는 기뻐하며 돌아갔어.

  원하는 물건이 있어도 상대방이 바꿔주지 않으면 얻을 수 없고, 또 소와 생선처럼 차이가 나는 것끼리 바꾸면 손해인데 좋은 방법이 없을까. 어부도, 농부도, 옷 만드는 사람도 모두 이런 생각을 하기 시작했단다.

2
소와 모피가
돈이었던 이야기

사람들은 물물교환을 그만두고 물건 값을 대신할 수 있는 것을 정해서, 원하는 것이 있을 때는 그것을 내고 가져가기로 했단다.

제일 처음 생각한 것은 모피였어. 왜 모피가 돈이 되었냐고? 당시에는 지금처럼 의복이나 침구를 만들 수 있는 다양한 원재료가 부족했단다. 농업이나 임업부터 산업까지 그 틀 자체가 만들어지지 않았던 거야. 결국 사냥한 짐승의 털은 옷이나 이불같은 것만이 아니라 집(텐트)을 만드는 데 없어서는 안 될 귀중한 것이었지.

그래서 누구나 갖고 싶어 하는 모피가 돈 대신 쓰이게 됐단다.

지금도 북아메리카 원주민들은 모피를 사용하고 있어. 하지만 사람들이 더 많아지고 동물 수가 줄어들어 사냥만으로는 생활을 할 수 없게 되었지. 그래서 직접 동물들을 기르게 되었단다. 사람들은 살아있는 소와 말, 닭 등을 돈으로 사용하게 되었어.

아래 그림은 기원전 400년경에 사용된 로마의 동화(銅貨)야. 화폐의 소 그림을 보아도 옛날에는 소를 돈으로 사용했다는 사실을 알 수 있지.

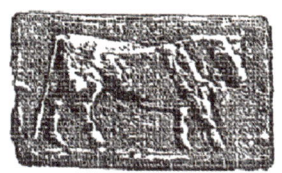

하지만 소나 말, 닭은 운반하는 것이 문제였어. 그래서 식량인 쌀이나 보리를 사용하기로 했단다. 가지고 다니기도 간편하고, 소나 모피와 달리 마음대로 나눌 수 있어서 아주 편리했기 때문이지.

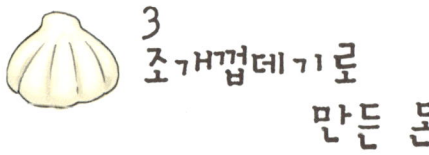
3 조개껍데기로 만든 돈

 이렇게 옛날 사람들은 생활에 필요한 물건을 돈으로 사용했단다. 하지만 좀 더 작고 가벼운 물건을 찾게 된 결과, 너희들도 잘 아는 조개껍데기를 돈으로 쓰게 되었지.

자안패

 약 3700년 전 중국의 은나라에서는 금으로 칠한 조개가 돈으로 쓰였단다. 이것을 패화(貝貨)라고 하는데 최초의 돈이라고 할 수 있어. 돈으로 사용한 조개는 '자안패

(子安貝)'라고 불렀지.

이 자안패(子安貝)는 다른 말로 보패(寶貝)라고도 했는데, 옛날 사람들이 이 조개를 보물처럼 여겼다는 것을 알 수 있어.

옛날 중국인들은 이 조개를 화폐로 썼지만 중국 해안에서만 볼 수 있는 이 조개를 구하기가 힘들어서, 쉽게 구할 수 있는 고둥으로 비슷하게 만들었단다.

물고기 돈

　시간이 흐른 후, 고둥은 점점 더 많이 필요해졌지만, 호수나 해안이 없는 지역에서는 고둥을 구하기가 어려웠지. 그래서 또다시 다른 물건을 찾게 되었는데, 사슴뿔을 고둥 대신 사용하기도 했어. 한편 똑같은 고둥이지만 물고기와 화살촉 모양으로 만든 돈도 있었단다. 이런 돈들은 옛날 사람들이 물고기를 돈 대신 사용했었던 사실을 보여주지. 물고기 돈은 나중에 동으로 만들어지기도 했고 모양은 위의 사진처럼 물고기와 많이 닮았지. 그후 사람들은 무기를 돈으로 사용하기도 했어.
　동양, 특히 중국을 중심으로 한 한자 문화권에서는 돈으로 사용된 것이 조개, 고둥, 물고기, 무기 등으로 계속 변해해왔지만, 그 처음은 조개에서 시작했다는 것은 확실하지. 그 증거는 한자에서 찾아볼 수 있어. 살 매(賣), 팔 매(買), 재물 재(財), 가난할 빈(貧), 빌릴 대(貸), 살 구(購), 쌓을 저(貯) 등의 화폐, 즉 돈과 관련있는 한자에는 모두 조개 패(貝)자가 들어간단다. 하지만 조개는 깨지기 쉽고 쉽게 구할 수 있어 사람들은 금, 은, 동을 사용하여 돈을 만들기 시작했지.

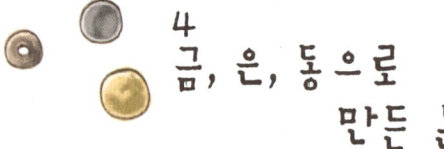
4 금, 은, 동으로 만든 돈

약 4000년 전 이집트에서는 금, 은으로 만든 돈을 사용했단다. 상대적으로 늦지만 중국에서도 3000년 전쯤부터 금속 재료로 만든 돈을 사용했어. 그림에 나오는 칼 모양이 그때 나왔던 돈이지. 칼 모양이었기 때문에 도화(刀貨)라고 불렀단다.

이후로 중국에서는 가운데 네모난 구멍이 뚫린 둥근 모양의 돈을 만들었는데

도화

매우 편리해서 모두들 이런 모양으로 돈을 만들게 되었단다. 우리나라의 대표적인 화폐였던 상평통보도 마찬가지야.

상평통보

돈의 형태를 보면 우리나라와 중국, 서양이 좀 다른 것을 알 수 있어. 서양 돈에는 옛날부터 구멍이 없었지만 우리나라와 중국 돈에는 구멍이 있었어.

또 한 가지 큰 차이는 서양 돈에는 인물과 배, 새, 화초 등의 그림을 그리지만 우리나라 중국 돈에는 돈이 나왔던 때의 임금의 재위 연대를 새긴 점이야. 왜 서양 돈에는 사람과 배(船) 등의 그림을 그려 넣었을까? 여기에는 의미가 있단다.

고대 로마 시대의 돈을 보면 영웅의 특별한 일을 기념하기 위해 만들어진 경우가 있는데, 예를 들어 율리우스 카이사르가 공화국의 종신 독재관이 되자 그것을 기념하기 위해 자신의 얼굴을 새긴 돈을 만들었지. 그 뒤를 이은 옥타비아누스(Augustus, 기원전 63~기원후 14)도 자신의 얼굴을 새긴 돈을 만들었어. 이처럼 영웅이나 위인, 천재 등 그 나라를 대표할 만한 사람이 나오면 그 사람의 얼굴을 돈에 새겨 넣어 영원히 기념한 거야. 이렇게 특별한 인물을 기념하는 돈은 주로 금화로 만들어졌고, 평상시에는 동이나 은으로 만든 돈이 일반적으로 사용되었단다.

# 5. 우리나라의 돈 이야기

　우리나라의 돈은 그 역사가 매우 깊은데, 얼마 전까지 기원전 957년 고조선 흥평왕 원년에 제조된 것으로 기록된 자모전(子母錢)을 우리나라 최초의 화폐로 인정해 왔었어. 그러나 최근에 발굴된 여러 가지 유물에서 우리나라 돈의 역사가 더 오래되었음이 밝혀졌단다. 기원전 2133년 고조선 오사구왕 무자 5년에 우리나라의 돈에 관한 최초의 기록이 나와. 그에 따르면 무자 5년에 둥근 구멍이 뚫린 조개 모양의 돈을 만들었다고 되어 있어. 그후 기원전 1426년 구모소왕 을해 10년에는 조개 모양의 엽전을 만들

었다고 기록되어 있지.

고조선 상고사의 기록 중 우리가 눈여겨 봐야 할 것은 기원전 642년 마물왕 5년의 "방공전을 쇠로 부어 만들어 화폐로 사용했다."는 대목으로, 이 '형원방공전(形圓方孔錢)'은 중국보다 최소 167년이나 앞선 것이었단다. 지금까지는 진시황제(기원전 221~207)때 만들어진 진반량(秦半兩)이나, 그 이전 전국 시대(기원전 475~221)의 반량전만을 기본 틀이 잡혀진 엽전으로 인정해왔지. 아직까지 우리 교과서에는 996년 고려 성종 15년에 제조된 건원중보(乾元重寶, 앞면)와 동국(東國, 뒷면)자가 들어간 쇠돈을 우리나라 최초의 실물 공방전으로 소개하고 있단다.

우리나라의 여러 가지 돈 중에서 가장 유명한 옛날 돈은 아마도 상평통보(常平通寶)일 거야. 이 돈은 조선 시대 중기에 만들어진 것으로 둥근 모양에 가운데 네모난 구멍이 뚫린 것이란다. 그 이후 조선 후기에 대동은전, 대동전 황동전 등이 발행되어 사용되었어.

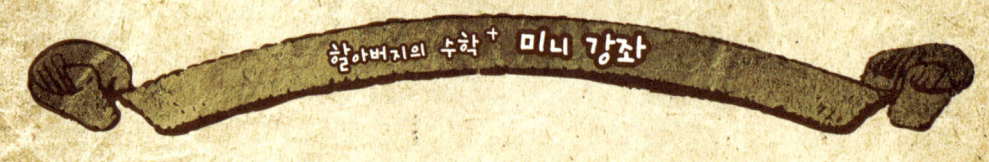

우리나라 화폐 단위는 어떻게 바뀌어 왔을까?

우리가 지금 사용하고 있는 화폐 단위는 너희들도 잘 알고 있듯이 '원'이란다. 이 단위는 1962년 6월 제3차 통화조치 때 사용되기 시작했어. '원'의 보조 단위로는 '전'이 있는데, 100전이 1원이었단다. 그런데 화폐의 가치가 점점 떨어지면서 1970년대 이후에 '전' 단위의 화폐는 발행이 중지되었어. 하지만 지금도 은행과 같은 금융기관에서는 정확한 이자를 계산하기 위하여 '전'을 사용하고 있단다.

'원' 이전에 사용되었던 우리나라의 화폐 단위는 '환(圜)'이었어. 한자 '圜'은 '둥글다'는 뜻일 때는 '원'으로, '돈다'는 뜻일 때는 '환'으로 읽어. 그 전의 단위인 '원(圓)'과 구별하기 위해 '환'으로 읽지. '환' 이전의 단위인 '원(圓)'은 우리나라에 근대식 화폐제도가 도입된 1886년에 처음 사용되기 시작하여 1902년부터 본격적으로 사용되었지.

그러다가 1953년 2월 제2차 통화조치 때부터 '환'을 화폐 단위로 사용하기 시작했단다. 이 단위도 1962년까지 사용하다가 지금의 단위가 된 거야. 지금의 단위 '원'은 순수한 한글 이름이란다. 옛 화폐 단위인 '원(圓)'이나 '환(圜)'

에서 소리와 뜻을 취한 것으로, 동전의 모양이 둥근데서 따온 것이라고 해.

그럼 조선 시대에는 어떤 화폐 단위가 사용되었을까?

조선 시대에는 '관(貫)', '냥(兩)', '전(錢)', '푼[分]' 등이 사용되었단다. '푼'은 '문(文)'이라고도 했어. 1관은 10냥이고, 1냥은 10전, 1전은 10푼이었단다. 즉 1관 = 10냥 = 100전 = 1000푼이었지. 여기서 1푼은 조선 시대의 엽전 1닢을 말해.

조선 시대에 가장 많이 사용되었던 화폐는 상평통보(常平通寶)였어. 조선의 23대 왕이자 대한제국의 초대 황제인 고종 때 근대 화폐가 발행되었는데, 그 전까지 약 200년 이상 상평통보가 전국적으로 널리 사용되었어. 보통 엽전이라고 부르는 이것을 너희들도 TV 사극에서 가끔 보았을 거야. 이 돈에 새긴 글자 상평(常平)은 상시평준(常時平準)의 준말로 돈의 가치를 항상 같은 값어치로 유지하겠다는 의도와 노력을 반영한 거란다.

제4장
인류의 위대한 스승 뉴턴

1 싸우고 나서 공부에 흥미를 갖게 된 뉴턴

I. 뉴턴

아르키메데스를 '고대의 뉴턴'이라고 했던 이야기 기억하니? 사람들은 왜 아르키메데스를 '고대의 뉴턴'이라고 불렀을까? 그 이유는 아르키메데스 이후 훌륭한 학자들이 많이 태어났지만, 뉴턴만큼 뛰어난 수학자가 없었기 때문이야. 그는 "뉴턴 이전에 뉴턴 없고 뉴턴 이후에 뉴턴 없다."라고 할 만큼 수학 연구에서 뛰어난 업적을 남겼지.

뉴턴(Isacc Newton, 1642~1727)은 1642년 12월 25일에 영국의 한 시골에서 태어났어. 1642년은 망원경으로 우주를 관측했던 그 유명한 갈릴레오가 죽은 해였단다. 갈릴레오가 죽은 해에 뉴턴이 태어나다니, 신기하지?

시골의 가난한 농가에서 태어난 뉴턴은 어렸을 때부터 농사일을 하며 자랐대. 불행하게도 뉴턴의 아버지는 그가 태어나기 바로 전해에 세상을 떠났다는구나. 홀어머니 밑에서 자란 뉴턴은 설상가상으로 몸도 허약해 항상 병을 달고 살았어. 과연 어른이 될 때까지 살 수 있을지 그의 어머니가 걱정을 할 정도였지. 일찍 학교에 들어간 뉴턴은 열두 살이 되었을 때 그란담에 있는 중학교에 입학하게 되었어.

그런데 뉴턴은 공부를 그다지 좋아하는 편은 아니어서 학교 성적이 썩 좋지는 않았대. 공부를 좋아하지도 않았는데 어떻게 세계 제일의 학자가 되었는지 궁금하지? 뉴턴에게 다음과 같은 일화가 있단다.

 그 학교에 불량 학생이 있었는데, 거의 매일같이 뉴턴을 괴롭혔대. 뉴턴은 하루하루를 무서움에 떨며 학교를 다녔지. 어느 날은 그 아이에게 얻어맞기도 하고, 또 어떤 날은 심한 욕설을 듣기도 했어. 그러다가 결국 학교의 한 선생님이 그 사실을 알게 되었지. 그 선생님은 조용히 뉴턴을 불러 격려해 주시면서 그 아이에게 도

전해 보라고 충고해 주셨대. 결국 뉴턴은 당당히 그 아이에게 도전했고 싸움에서 이겼단다. 그 일 이후 뉴턴은 여러 과목에 흥미와 자신감을 갖기 시작했대.

하지만 뉴턴의 집은 여전히 가난했고 집안에는 어머니와 할머니밖에 없었기 때문에 열다섯 살 때 다시 고향으로 돌아가 농사일을 거들어야 했어. 하지만 뉴턴은 밭에서 흙냄새를 맡으며 일하는 것 보다는 수학책을 읽거나 물시계를 만들고, 풍차를 이용해 여러 가지 기계를 고안하는 일이 더 재미있었어. 한때는 지금의 자동차와 같은 기계를 만들고 매우 기뻐했다고 해.

뉴턴을 지켜보던 그의 어머니는 "이 아이는 농부가 적성에 맞지 않는 것 같아. 몸도 허약해서 제 몫을 다하는 농부가 될 것 같지도 않구나."라고 생각하고 오빠의 도움을 받아 뉴턴을 다시 공부할 수 있도록 그란담 학교로 보내 주었단다.

뉴턴은 열여덟 살까지 그곳에서 공부를 했고, 그후 케임브리지 대학에 입학하게 되었어. 뉴턴이 한 대 발견의 대부분은 이 대학에서 공부하는 중에 이루어진 것이란다. 뉴턴은 대학 시절 데카르트의 기하학, 오트레드와 비에트의 책, 그리고 월리스의 산술책도 읽었어. 이렇게 유명한 수학자들의 책을 한 번 읽고 모두 외웠다고 해. 뉴턴의 머리가 얼마나 좋았는지 알 수 있겠지?

2 사과가 떨어진 이유

1665년에 영국에는 전염병이 크게 번졌단다. 그래서 케임브리지 대학에서는 전염병의 기세가 꺾일 때까지 학생 기숙사를 폐쇄하고 휴교에 들어가게 되었어. 이때 뉴턴은 스무 살의 대학생이었는데 태양과 별의 관계에 대한 어려운 연구를 하고 있었단다.

"하늘을 올려다보면 태양, 지구, 달, 별이 일정하게 운동을 하고 있다. 어딘가에 중심이 되는 힘이 있어서 그 힘으로 이들을 끌어당기고 있는 것은 아닐까?"라는 궁금증을 가지고 어머니가 계시는 고향으로 돌아갔어.

시골집에서 뉴턴은 평소처럼 정원을 산책하다가 한쪽 편에 있는 낡은 나무 의자에 앉아 조용히 생각에 잠겼어. 바로 그때 뉴턴 옆으로 '쿵' 하고 사과가 떨어진 거야. 뉴턴은 이때 "앗!" 하고 놀라면서 오랜 시간 동안 풀리지 않았던 문제가 한 번에 해결되는 것

을 느낄 수 있었단다. 이때의 기분은 마치 아르키메데스가 목욕탕에서 문제를 해결했을 때와 똑같다고 할 수 있겠지? 뉴턴은 떨어진 사과를 보며 어떤 사실을 깨달았을까?

"바람도 없는데 어째서 사과가 떨어졌을까? 사과가 나뭇가지에 단단히 매달려 있다가 떨어졌다는 것은 무엇인가 끌어당기는 힘이 있다는 것이다. 그렇다. 모든 사물은 사과와 마찬가지로 어떤 힘이 끌어당기고 있는 것이다. 이것은 분명히 지구가 사물을 끌어당기는 힘을 가지고 있다는 것이며, 태양과 지구와의 사이에서도 역시 끌어당기는 힘이 있는 것이다."라고 생각하게 된 거야. 뉴턴이 이 힘을 수학적으로 증명하여 드디어 '만유인력의 법칙'이 세상에 그 모습을 드러내게 된 거지.

사과가 나무에서 떨어지는 현상은 아주 먼 옛날부터 수많은 사람들이 보아왔던 것인데 어떻게 뉴턴만이 인력을 발견하게 된 것일까? 그것은 뉴턴이 오랜 기간에 걸쳐 연구를 하고 있었기 때문이야. 뉴턴은 훗날 이 '만유인력의 법칙'을 '과학자들의 성경'이라고도 하는 『프린키피아』라는 책을 통해 발표했단다. 핼리 혜성

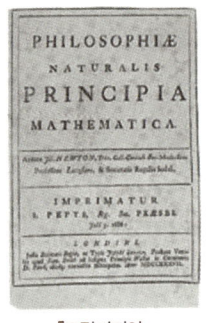

『프린키피아』

으로 유명한 에드먼드 핼리는 뉴턴과 친구였는데 그가 출간 자금을 투자했대.

뉴턴은 그 외에도 많은 발견을 했어. 그중 대표적인 것으로, '광선 분석(빛의 성질에 대한 연구)'과 '미적분학'이 있는데, 이것들과 '만유인력'을 합해 뉴턴의 '3대 발견'으로 부른단다.

'미적분학'이란 어려운 수학의 한 분야지만 이것을 이해하지 못하면 고차원적인 수학을 배울 수가 없기 때문에 고등학교나 대학교에서는 반드시 배워야 하는 내용이야.

3 뉴턴의 재미있는 실수

 뉴턴은 오랫동안 공부를 너무 많이 해서 뇌에 손상을 입었다고 해. 그래서 이년 동안 불면증에 시달렸고 거의 잠을 잘 수 없었대. 불면증 때문에 한때는 미쳤다는 소리를 들을 정도였단다. 이후 불면증을 치료하고 건강을 되찾았지만 안타깝게도 더 이상의 대발견이나 대발명은 없었단다. 1695년에는 돈을 만드는 조폐국의 공무원이 되었고 결국은 장관 자리까지 올라 일생을 마감하게 되었어. 1727년 3월 20일, 세상에서 둘도 없는 대(大) 수학자 뉴턴은 웨스트민스터 사원에 묻히게 되었단다. 웨스트민스터 사원은 영국의 유명한 군인이나 대 정치가, 대 학자만 묻힐 수 있는 곳인데 지금 이곳에는 뉴턴을 기리는 훌륭한 기념비가 세워져 있지.

　대 수학자 뉴턴은 영원히 잠들어 있지만 그에 관한 여러 가지 재미있는 이야기가 아직까지 전해온단다. 몇 가지 이야기를 소개해 볼까?

　어느 날 저녁 무렵에 친구가 뉴턴을 찾아 왔어. 뉴턴은 저녁 식사를 하기 전에 친구에게 술을 대접하려고 자리를 떴단다. 그러나 아무리 시간이 지나도 술을 가지러 간 뉴턴이 돌아오지 않는 거야. 친구도 어떻게 된 일인지 궁금해 하며 계속 기다리고 있었대. 하지만 뉴턴은 자신이 술을 가지러 나왔다는 사실을 완전히 잊어버리고 그만 지하실로 향한 거야.

　다시 친구 앞에 나타났을 때는 흰색 예복을 입고 있었는데 술을 가지러 나갔다는 사실을 까맣게 잊어버리고 하나님께 예배를 드리고 온 것이었어. 친구들은 뉴턴의 이런 특이한 행동에 가끔씩 기절할 정도로 놀랐다고 해.

저녁 식사에 대한 이야기가 나왔으니까 말인데, 식사에 관한 또 다른 유명한 일화도 있단다. 뉴턴이 어느 날 하녀에게 점심 식사를 준비하도록 했어. 그때 갑자기 연구하고 있던 문제를 풀 수 있는 아이디어가 생각나서 바깥으로 나가게 되었대. 마침 친구가 뉴턴을 방문했는데, 주인 없는 테이블에는 점심 식사가 차려져 있었어. 배가 고팠던 친구는 허락도 없이 일단 식사를 했고 아무리 기다려도 뉴턴이 돌아오지 않아서 돌아갔지. 뉴턴이 다시 자신의 방으로 돌아와 보니 테이블에는 친구가 먹고 남긴 점심 식사가 있었어. 뉴턴은 다시 하녀를 불러 테이블을 치우라고 명령하면서, "이 빈 접시를 보지 않았다면 아직 점심 식사를 하지 않았다고 말할 뻔 했구나."라고 말했다고 해.

연구에 깊이 몰입하는 버릇이 있던 뉴턴은 친구가

먹은 점심을 자신이 먹었다고 착각했던 거야. 대 학자다운 재미있는 에피소드지?

또 이런 이야기도 있어.

어느 날, 뉴턴은 난롯불을 쬐며 평소처럼 계산에 몰두하고 있었어. 시간이 지나자 난롯불이 점점 뜨거워졌지. 집중력이 뛰어난 뉴턴도 뜨거운 난로 열기는 참을 수 없었어. 그래서 하녀를 불렀단다.

"애야, 난로가 너무 뜨거워서 계산에 집중할 수가 없구나. 이 불을 적당히 맞출 방법이 없을까?"

그러자 하녀는

"선생님, 잠깐 일어나 보세요. 그리고 의자를 뒤로 살짝 빼서 앉으세요."라고 말했어. 뉴턴은

"아, 진작에 이렇게 하면 되는 것을. 애야, 너는 정말 머리가 좋구나."라며 감탄했다고 해.

위대한 학자로 존경받는 사람일지라도 하나에 집중하면 다른 것을 곧잘 잊어버리는 실수를 할 때도 있단다. 뉴턴도 마찬가지지.

뉴턴은 수학의 모든 분야에서 가장 훌륭한 업적을 남긴 학자로 평가된단다. 그와 동시대에 살았던 독일의 위대한 수학자 라이프니츠(Leibniz)는 다음과 같이 말했어.

"태초부터 뉴턴이 살았던 시대까지의 수학을 놓고 볼 때, 그가 이룩한 업적이 반 이상이다."

4 뉴턴의 세 가지 법칙

이번에는 뉴턴이 발견했다는 유명한 세 가지 법칙을 알려줄게.

첫 번째 것은 모든 물체는 외부에서 힘을 가하지 않는 한 주어진 상태를 계속 유지하려는 성질이 있다는 것이야. 물체의 이런 성질을 '뉴턴의 제1법칙' 또는 '관성의 법칙'이라고 한단다. 관성의 법칙을 알 수 있는 예가 있지. 버스를 탔을 때, 버스가 갑자기 출발하면 몸이 뒤로 움직이지? 그건 바로 우리 몸은 계속해서 가만히 있으려고 하는데 버스가 앞으로 가기 때문에 그렇게 되는 거란다. 또 막 달리던 버스가 갑자기 서면 우리 몸은 앞으로 움직이지. 이것도 마찬가지 이유야. 이런 것이 바로 관성의 법칙이란다.

두 번째 법칙은 돌멩이를 똑바로 위로 향해 던지면 그 돌멩이는 반드시 일정한 시간이 지난 후에 떨어지게 되어 있다는 것이란다. 만약 지구에 중력이 없다면 이 돌멩이는 어떻게 될까? 아마도 공

중에 영원히 떠 있을 거야. 왜냐하면 위로 향해 똑바로 던진 돌멩이는 시간이 지나면서 공기와의 마찰때문에 움직이는 속도가 줄어들 것이고 마침내는 정상에서 움직이지 않을 거야. 하늘을 향해 던진 모든 물체가 공중에 모두 떠 있다면 세상은 어떻게 될까? 여기서 우리는 '뉴턴의 제2법칙'인 '중력의 법칙'에 감사해야겠지. 물론 이 법칙 때문에 중력이 생긴 것은 아니지만 말이야.

마지막으로, '뉴턴의 제3법칙'인 '작용과 반작용의 법칙'을 들 수 있어. 이 법칙은 "모든 작용에 대하여 항상 방향이 반대이고 크기가 같은 반작용이 따른다."로 정의되지. 뉴턴의 제3법칙의 중요한 개념은 어떤 상황에서든 힘이 단독적으로 작용하지 않는다는 것이야. 예를 들어볼게. 하늘을 향해 돌멩이를 던진다고 하자. 하늘을 향해 던져진 돌멩이는 다시 지구 그러니까 땅을 향해 내려오지? 이 과정에는 돌멩이를 끌어당기는 지구의 힘도 작용하지만, 마찬가지로 던져진 돌멩이가 지구를 끌어당기는 힘도 작용하고 있단다. 그래서 돌멩이가 지구로 떨어지는 상황을 반대로 지구가 돌멩이 쪽으로 떨어지고 있다고 표현할 수도 있어. 단지 지구의 질량이 너무 크기 때문에 돌로부터 받는 힘의 정도가 보이지 않을 만큼 미미할 뿐이지. 실제로 1kg짜리 돌멩이가 1m를 낙하했다면 지구의 질량이 약 6×10^{24}kg이므로 지구는 $\dfrac{1}{6 \times 10^{24}}$m만큼 낙하한 거야. 이것은 거의 알아볼 수 없이 작단다. 즉 무시해도 된다는 것이지.

좀 어려운가? 더 쉽게 말해볼게. 예를 들어 벽에 박치기를 하면 머리에 충격이 전해져서 아주 아프지? 하지만 그 힘이 벽에도 전해지기 때문에 머리가 아픈 만큼 벽도 아프단다. 이게 바로 작용 반작용의 법칙이지. 그런데 과연 벽도 아픔을 느낄까?

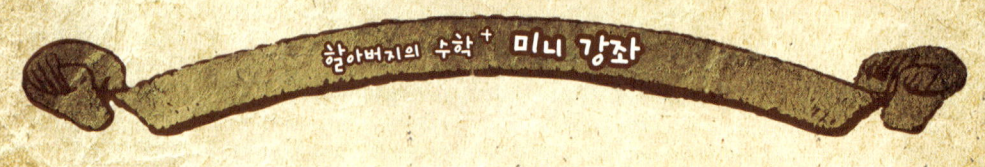

뉴턴의 『프린키피아』는 어떤 책인가?

뉴턴이 쓴 『프린키피아』는 인류 역사상 가장 중요한 물리학 책 중 하나란다. 그렇다면 이 책이 왜 그렇게 중요한 것일까?

서기 500년경부터 1300년경까지의 유럽은 '암흑시대'라고 불리지. 이 시기에는 고대 그리스의 유명한 철학자 아리스토텔레스의 철학과 역학이 물리학을 지배하고 있었고, 또 프톨레마이오스의 『알마게스트』라는 책에서 비롯된 천문학이 지배하고 있었어. 이 두 사람의 명성과 권위는 대단한 것이어서 오히려 과학의 발전을 방해하고 있었지. 이 두 사람들의 주장을 잠깐 소개할게.

아리스토텔레스의 대표적인 주장 중에 "무거운 물체는 가벼운 물체보다 빨리 떨어진다."라는 것이 있어. 이 주장은 뉴턴보다 먼저 살았던 갈릴레이에 의하여 사실이 아니라는 것이 입증되었지. 더욱이 이 실험은 닐 암스트롱이 처음으로 달에 갔을 때, 공기가 없는 달에서 맨 처음 한 실험이기도 했단다. 또 아리스토텔레스는 "태양은 완전무결하며 절대 변하지 않는다."라고 했는데, 이것도 사실이 아니란다. 태양에는 많은 흑점이 있으며 일정한 시간을 두고 변한다는 것이 밝혀졌어. 프톨레마이오스의 대표적인 주장은 지구는 움직이지 않고 달과 태양 그리고 별들이 지구를 중심으로 움직이고 있다는 '천동설'이야. 너희들도 잘 알고 있겠지만 사실은 지구가 태양의 주위를 돌고 있단다. 지구가 태양 주위를 돌고 있다는 주장을 '지동설'이라고 부르지.

당시 사람들은 아리스토텔레스와 프롤레마이오스의 주장을 사실이라고 굳게 믿고 있었단다. 심지어 이것이 옳지 않다고 말하는 사람들을 이단자로 몰아 감옥에 보내거나 심지어는 죽이기까지 했단다. 그러나 세월이 흐르며 사람들은 점점 그런 내용을 의심하기 시작했어. 드디어 1400년경부터 유럽에서 '문예부흥운동'이 일기 시작했고, 이것을 기회로 학문의 여러 분야에서도 새로운 주장이 다양하게 나오기 시작했단다. 코페르니쿠스가 1543년에 『천구의 회전』을 출판했고, 1545년에 카르다노가 『아르스 마그나』를 출판하며 유럽의 과학은 서서히 올바른 방향으로 나아가기 시작했단다.

케플러는 1609년과 1619년에 행성 운행의 세 가지 법칙을 발표했고, 갈릴레오는 1632년 『두 세계 체계에 관한 대화』를 출판하여 천동설이 사실이 아니라고 주장했어. 또 1638년에 『두 새로운 과학에 관한 대화』를 출판하여 아리스토텔레스의 물리학이 잘못되었다고 주장했지. 이와 같은 뛰어난 학자들의 노력과 결과를 종합하고 더욱 발전시켜 물리학의 세계를 새로운 길로 이끈 것이 바로 뉴턴이 1687년에 출판한 『프린키피아』란다. 모두 세 권으로 되어 있는 『프

『린키피아』를 바탕으로 인류는 세상을 바르게 볼 수 있었어. 그 결과 오늘날과 같은 눈부신 발전을 하게 되었지.

"나는 내가 세상 사람들의 눈에 어떻게 비치는 지를 알지 못한다. 그러나 가끔 진리의 거대한 대양은 저만치에서 미지인 채 눈앞에 가로놓여 있는 데 반해 내 자신은 바닷가에서 매끄러운 돌과 아름다운 조개나 찾으며 놀고 있는 어린아이에 불과하다고 생각한다."

이 말은 뉴턴이 자신의 일생에 대하여 스스로 내린 결론이야. 뉴턴 자신은 스스로를 이렇듯 겸손하게 평가했지만, 다른 사람들은 뉴턴을 인류 최고의 지성이라고 평가하면서 '인류를 초월한 천재'로 표현한단다.

1 누가 먼저 미적분학을 발명했을까?

미국 샌프란시스코를 향하는 여객선에서 있었던 일이야. 두 명의 학생이 함께 여행을 하게 되었는데, 영국인과 독일인 학생이었어. 둘은 이과를 전공하는 학생이었기 때문에 화제는 언제나 수학이나 과학에 관한 것이었단다. 그들은 자주 자기 나라 자랑을 했었는데 그날은 미적분학이 화제가 되었어. 가장 먼저 목소리를 높인 사람은 영국 학생이었지.

"미적분학이라고 하면 영국 사람 뉴턴이 발명했으니까 모두 우리에게 감사해야 합니다."라고 뉴턴에 대한 자랑을 늘어놓기 시작했어.

그의 말을 들은 독일 학생도 입을 열었지.

"물론 영국에서는 뉴턴이라는 대학자를 배출했습니다만, 미적분학은 뉴턴만 발명한 것이 아닙니다. 우리 독일에서도 라이프니츠라는 대학자가 1674년에 발명했으니까요. 뉴턴보다 먼저 발표했으니까 우리 독일이야말로 미적분학을 발명했다고 할 수 있습

니다."라고 반박했어.

  두 사람의 자랑 중에 누구 말이 진짜일까? 모두 옳은 말이란다. 뉴턴과 라이프니츠는 '미적분학을 발명한 학자'로 불리는 수학자들로 모두 각자 미적분학을 발명했단다. 그 중에서 라이프니츠에 대해서 이야기해 볼게.

2 좋은 스승을 만난 라이프니츠

라이프니츠(Gottfried Wilhelm Leibniz, 1646~1716)는 독일 라이프치히라는 곳에서 태어났단다. 뉴턴보다 사 년 늦게 태어났지. 아버지는 법률가로 라이프치히 대학의 철학 선생님이었는데 라이프니츠가 여섯 살 때 병으로 세상을 떠났어. 뉴턴은 태어나기도 전에 아버지를 잃었는데 대 수학자들의 어린 시절은 모두

G. W. 라이프니츠

불행했던 것 같아.

라이프니츠는 어렸을 때부터 친구들보다 두 배, 세 배로 열심히 공부했는데, 아버지가 남겨주신 역사와 문학, 철학에 관한 책을 한 권도 빠짐없이 모두 읽었을 정도였단다. 열두 살 때부터 수학 책을 읽기 시작해 열다섯 살 때 아버지가 교편을 잡았던 라이프치히 대학에 입학했어.

당시 독일은 '암흑시대'라고 불릴 정도로 학문이 발달하지 않았던 시기였기 때문에 라이프니츠의 천재성은 더욱 빛이 났지. 대학에서는 아버지처럼 법률을 연구하여 스무 살의 나이에 젊은 법학 박사가 되었어.

그는 또한 수학 연구에도 열심이었는데 그 당시의 독일에서는 좋은 선생님이 없었기 때문에 프랑스로 유학을 가게 되었단다. 그곳에서 네덜란드 물리학자인 호이겐스(Christiaan Huygens, 1629~1695)라는 선생님을 알게 되어 어려운 수학을 배우기 시작했어. 호이겐스는 진자 시계를 발명한 사람으로 유명하단다.

라이프니츠는 외교관이었기 때문에 공사 신분으로 런던에 가게

되었어. 이때는 수학자 올덴버그(Oldenburg, 1615~1677)와 친구가 되어 수학을 연구하는 데 매우 큰 도움을 얻을 수 있었어.

학문을 연구할 때 혼자 집중해서 공부하는 것도 중요하지만 좋은 선생님과 동료를 만나는 것도 굉장히 중요한 일이야. 라이프니츠는 가는 곳마다 좋은 선생님을 만나는 행운이 있었지.

영국에서 다시 파리로 건너가 호이겐스 선생님과 재회한 후, 수학을 연구하던 중에 원주율을 표시하는 훌륭한 공식을 발견하게 된단다.

그후 독일로 돌아와 도서관장의 자리에 있으면서 오랫동안 수학을 연구한 결과, 1674년 '미적분학'을 발견하게 되었어. 겨우 스물여덟 살의 젊은 청년이었을 때의 일이란다.

3 뉴턴과의 지식 경쟁

 라이프니츠는 자신이 발견한 새로운 미적분에 관한 계산법으로 다양한 문제를 해결할 수 있게 되었어. 그러나 당시 이것을 이해할 수 있는 사람은 극히 드물었단다. 라이프니츠는 이 발견을 발표했지만 그의 발표를 듣고 놀란 사람은 영국에 있는 뉴턴과 그의 제자들이었어. 뉴턴은 이미 라이프니츠의 발표보다 8년 전인 1666년에 미적분학을 발견했기 때문이야. 라이프니츠가 발표했을 때 "뉴턴의 발명을 베낀 것이 틀림없다."는 얘기가 나올 정도였지.
 두 사람의 논쟁은 오랜 기간 계속되었어. 프랑스, 독일, 네덜란

드 등에서는 라이프니츠를 응원했고 영국에서는 뉴턴을 응원했기 때문에 유럽 대륙과 영국의 싸움으로 번질 정도였단다.

  그러나 라이프니츠가 죽은 후 그의 일기와 연구서를 통해 결코 라이프니츠가 뉴턴의 발견을 훔친 것이 아니라 스스로 연구한 결과라는 사실이 밝혀져 이 싸움은 두 사람 모두의 승리로 끝이 났단다.

4 라이프니츠의 천재성

라이프니츠는 법률가이기도 하고 수학자이기도 하며 철학자 혹은 종교가, 그리고 외교관으로 모든 분야에 뛰어난 능력을 발휘한 사람이었어. 게다가 시인으로서도 재능이 뛰어났다고 해.

라이프니츠는 매우 활발한 활동가로 여러 가지 사업을 벌이는 것을 좋아했단다. 그래서 독일 학문을 활성화시키려면 학사원을 만들어야 한다고 주장하면서 그 사업에 힘을 쏟았어. 학사원은 대학을 졸업한 사람들이 더욱 더 깊은 연구를 할 수 있는 곳이야.

그는 또 『학술기요』라는 월간 잡지를 처음으로 만들어 매일 자신의 의견을 발표했어. 이렇게 라이프니츠는 1716년 1월 14일, 일흔 살의 나이로 바쁜 한 생애를 마감하게 되었단다.

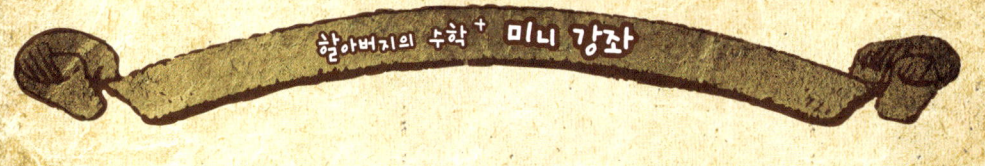

미분과 적분이란?

미분과 적분에 대하여 간단히 알아볼까?

역사적으로 보면 미분보다는 적분이 먼저 발견되었단다. 그래서 적분에 관한 이야기를 먼저 해 볼게.

너희들, 원의 넓이를 구할 때 사용했던 방법 생각나니?

원을 그림과 같이 잘라서 서로 엇갈리게 붙였었지. 이때 원의 둘레는 $2 \times \pi(3.14\cdots\cdots) \times$반지름(r)이므로 잘라서 붙인 그림의 가로의 길이는 약 $\pi \times r$이고 높이도 반지름의 길이에 가깝지. 그러나 그 길이가 정확히 같지는 않단다.

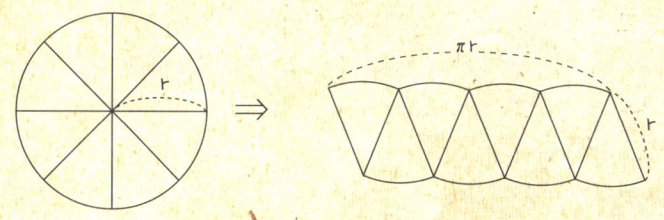

그래서 이번에는 다음 장의 그림과 같이 더 잘게 잘라서 엇갈리게 붙였어.

그러면 이 그림은 처음보다는 가로의 길이가 π×r에 가깝게 되지. 물론 세로의 길이도 반지름의 길이에 더 가깝게 되고. 이런 방법으로 더 잘게 조각을 내어 서로 엇갈리게 붙여서 만든 모양은 거의 직사각형이 되겠지. 이때 이 직사각형의 가로의 길이는 거의 π×r이 되고, 세로의 길이도 거의 반지름의 길이와 같게 될 거야. 더 잘게, 자꾸자꾸 잘게 잘라서 엇갈리게 붙이면 원의 넓이는 π×r×r이 되겠지.

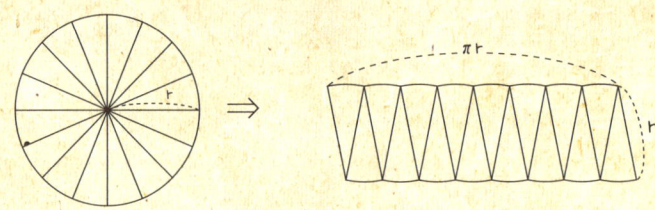

원의 넓이 = π×r×r

이와 같이 어떤 부분의 넓이를 구할 때 잘게 잘라서 넓이를 구하는 방법을 적분이라고 한단다. 적분은 한자로 '積分'인데, 이것의 뜻도 '나누어 쌓아 놓기'야. 간단하지? 물론 복잡한 모양을 한 것의 넓이를 구하는 경우는 좀더 복잡하겠지만 원리는 똑같단다.

  미분은 한자로 '微分'이란다. 미분은 적분과는 반대라고 생각하면 돼. 적분은 잘게 잘라서 쌓아 놓았지만 미분은 쌓여 있는 어떤 부분을 잘게 잘라서 가로가 변할 때 세로는 얼마나 변하는지를 알아보는 것이란다. 이때, 가로가 변할 때 세로가 변하는 것을 비율로 나타내서 변하는 정도를 나타내지. 다음 예를 볼까?

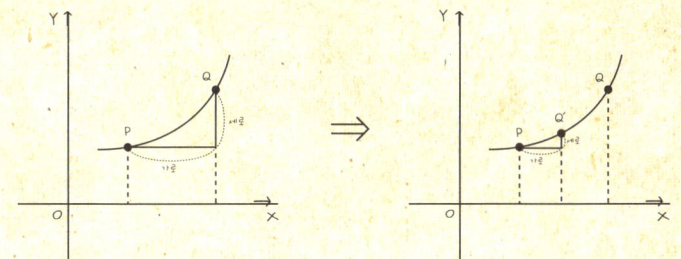

  점 Q가 곡선을 따라서 점 P로 움직인다고 할 때 점 Q가 점 P의 아주 가까운 근방까지 다가와 있는 점을 Q′라고 해. 처음 점 Q에서 '가로 : 세로'의 비율은 점 Q가 점 Q′만큼 점 P에 가까워졌을 때의 비율보다 점 P의 근방에서 변하는 비율이 덜 정확하지. 즉 점 P 근방에서의 변화는 점 Q보다는 점 Q′와

비교하는 것이 더 정확해. 그런데 Q'보다도 점 P에 더 가까운 점을 잡으면 점 P 근방에서 변화를 더 잘 알 수 있겠지. 이처럼 더 잘게 잘라서 점점 점 P에 가깝게 접근시켜서 변화하는 것을 알아보는 것이 미분이란다. 좀 어렵니? 지금은 미분을 그냥 어떤 것이 변화하는데 얼마만큼씩 변화하는지를 나타내는 비율이라고만 알고 있어도 돼. 고등학교에 가면 더 자세히 배울테니까.

제6장

우리나라의 수학은 어떻게 발전해 왔을까?

1 옛날 우리나라의 수학

지금까지 세계 여러 나라 수학자들에 대해서 이야기했지만 우리나라에도 세계에 자랑할 만한 수학자가 여럿 있단다. 경선징, 최석정, 홍정하, 황윤석, 홍대용, 이상혁 등이 그들이지. 서양의 유명한 수학자들의 이름은 잘 알면서 정작 우리나라의 수학자들을 모르는 사람이 많은 것은 안타까운 일이야.

우선 우리나라의 수학이 어떻게 발달했는지 살펴보자.

옛날 우리나라의 수학은 중국으로부터 많은 영향을 받았단다. 중국의 수학은 현실 문제를 많이 다루었기 때문에 우리도 이와 마

찬가지였지. 조선 시대까지 우리의 과학은 하늘에 관한 천문학과 산술을 다루는 산학으로 나누어져 있었어. 이것들은 그 방법과 문제의식은 물론 사상적, 사회적인 조선이 서양의 것과는 근본적으로 달랐단다. 우리의 과학은 왕권의 보호 아래에서 발달한 궁정 과학이었기 때문에 정치 사상과 깊은 관련이 있어.

우리 조상들은 전통적으로 수학을 전문적으로 다루는 관리인 산사(算士)를 두고 그들이 다루는 수학책을 법으로 정하였단다. 신라 시대에는 『구장』, 『육장』, 『철술』, 『삼개』 등의 책이 있었어. 고려 시대에는 통일신라의 수학책을 그대로 받아들였고, 조선 시대에는 『산학계몽』, 『양휘산법』, 『상명산법』 등의 수학책이 있었

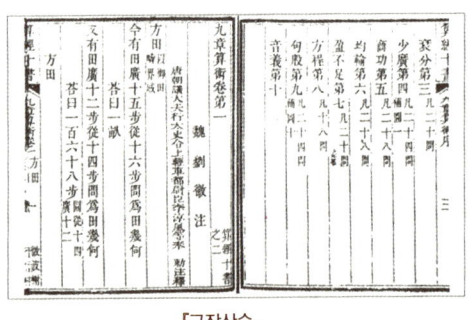

『구장산술』

어. 이런 책들은 중국의 『구장산술』을 모체로 발전되어 온 것으로 수학책을 '산경(算經)'이라고 불렀으며, 수학의 형식은 다분히 암기 위주였지.

신라, 백제, 고구려에서는 조세나 무역, 토목공사 등을 다루기 위한 계산이 필요했는데, 이런 실용 수학은 『구장산술』만으로도 충분했어. 따라서 이 책을 당시의 현실에 맞게 편집한 수학책들이 사용되었고, 신라가 삼국을 통일한 후 체계적인 수학 교육이 실시되었지. 신라의 경우 열다섯 살부터 서른 살까지의 학생을 대상으로 구 년 동안 수업을 진행했단다.

고려 시대의 수학은 통일신라의 수학을 계승한 것으로 여겨져. 그것은 신라 시대의 교육기관인 국학이 고려 초기에도 그대로 계승되어 존재했기 때문이지. 이 국학은 성종 11년(992)에 국자감으로 재정비되었고 인종(1123~1146)대에 교육 제도가 완전한 틀을 갖추었단다. 당시 고려의 산학 교육 과정의 내용이 무엇이었는지를 구체적으로 밝힌 문헌은 없지만, 산학의 과거인 명산과의 시험이 이틀에 걸쳐 실시되었는데, 첫날은 『구장산술』, 둘째 날은 『철

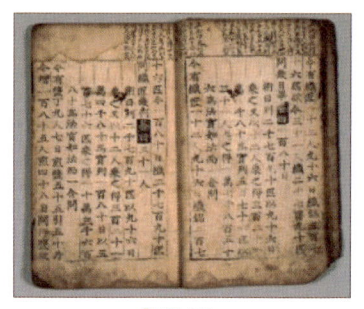
『산학계몽』

술』, 『삼개』, 『사가』 중에서 출제되었다는 기록이 남아 있어. 고려 시대 기술 관료인 산학자들은 이해하기 어려운 『철술』을 익힌 최고의 수학자들이었지만 업무 내용은 극히 초보적이었단다. 따라서 수학의 발전을 기대하기는 힘들었고, 신라 이후의 산학을 이어받아 간직했을 뿐이었지. 하지만 『산학계몽』, 『양휘산법』, 『상명산법』 등의 산술서를 통하여 조선 시대에 산학이 발전할 수 있는 기틀을 마련했어.

조선 초기에는 고려의 제도를 거의 그대로 이어받았지만 세종 대에 이르러 대대적으로 정비되었어. 태조가 즉위할 때에는 의학박사 세 명과 조교 두 명, 율학 박사 두 명과 조교 두 명 그리고 산학 박사 두 명을 두었는데, 이듬해에 병학, 율학, 자학, 역학, 의학, 산학 6학을 일반 서민들도 배우게 하였단다. 태종 6년에는 유학, 사학, 음양풍수학, 악학을 더하여 잡학십학의 교육체계를 세였지. 그후 세종 12년에 십학의 교육과정이 확립되었어. 그러나 세조 10년에는 천문, 풍수, 율궁, 의학, 음양, 사학, 시학 등의 일곱 가지 학문이 적극적으로 장려된 반면 산학은 제외되었어. 이때부터 문관들은 기술을 업신여기기 시작했고, 일곱 개의 학문 중에서도 사학과 시학을 제외한 나머지는 불필요한 것으로 생각했단다. 그러나 성종 16년에 완성된 『경국대전』에서는 종래의 십학을 의, 역, 율, 음양, 산, 악, 화, 도의 여덟가지 학문으로 바꾸었어. 세조는 산학의 제도를 정비해, 산학박사 대신에 산학 교수(종6품) 한 명, 별제(종6품) 두 명, 산사(종7품) 한 명, 계사(종8품), 산학 훈도(정9품) 한 명을 두었는데, 이 제도가 『경국대전』에 그대로 반영되었단다. 하지만 수학을 전문적으로 다룬 이들의 신분은 중인 계급이었어.

 중인이라는 특수한 계급 때문에 당시의 많은 수학자들 중 기록에 남아있는 사람은 많지 않아. 그 중에서 경선징은 『묵사집』을 지었는데 이 책은 『산학계몽』의 형식을 그대로 따르고 있어. 그러나 이 책에는 '구구합수'라는 곱셈구구가 '구구팔십일' 부터 거꾸로 나와 있고 나눗셈에 관한 구구까지 소개되어 있다는 점은 특기할만한 것이라 할 수 있어.

사대부인 최석정이 지은 『구수략』은 중세 유럽의 수도원 수학의 형식과 비슷하고 형이상학적인 역학 사상에 의하여 수론을 전개하고 있는 점에서 볼 때, 당시 산학자들의 수학과는 다른 사대부층의 수학 사상을 담고 있다고 할 수 있지.

홍정하는 『산학계몽』과 『구장산술』 그리고 『상명산법』을 당시의 실정에 맞게 편집한 『구일집』을 펴냈단다. 이 책에는 모두 166개의 문제가 제시되어 있어.

사대부인 남병길과 공동으로 연구를 했던 이상혁은 중인 출신이란다. 이상혁의 저서로는 『익산』, 『차근방몽구』, 『산술관견』 등이 있어.

이제 이들 수학자 중에서 경선징과 홍정하에 대해서 좀더 얘기해줄게.

2 조선 최고의 수학자 경선징

경선징(慶善徵, 1616~?)은 조선 시대의 대표적인 수학자야. 이때까지 수학은 중인이라는 특수한 계급이 하는 학문이었단다. 중인은 양반보다는 낮고 평민보다는 높은 계급으로 주로 의원, 통역, 무역에 관련된 일을 하거나, 지방의 사또들을 도와서 일하는 이방, 형방 등과 같은 관리로 있었지. 당시에는 어떤 분야에 대한 글을 써서 책으로 남기는 경우는 대부분 양반의 몫이었단다. 그래서 선조들이 만든 수학에 대해 정확하게 전해지는 것은 많지 않아. 그런데도 경선징은 최고의 수학자로 손꼽혔지. 어떻게 알았냐고? 그건

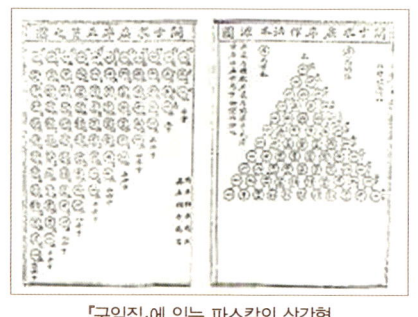
『구일집』에 있는 파스칼의 삼각형

양반 수학자 중에서 『구수략』이라는 책을 지은 최석정이 다음과 같은 구절을 남겼기 때문이야.

"서양에는 마테오리치와 아담 샬이 있고, 우리나라에는 근세에 있어서 경선징이 가장 저명하다."

서양의 마테오리치와 아담 샬은 지금도 유명한 사람들이지만, 당시 그들과 경선징을 같은 위치로 생각하고 있었으니 얼마나 뛰어난 인물이었는지 알 수 있지. 이런 경선징은 『묵사집』이라는 수학책을 지었단다. 물론 다른 책도 많이 썼는데, 현재까지 남아 있는 것이 이거 한 권뿐이니 안타깝지. 이 책에서 경선징은 곱셈구구와 나눗셈을 비롯하여 당시 사회의 현실적인 문제를 다루었단다.

3 중국을 긴장시킨 수학자 홍정하

홍정하(洪正夏, 1684~?)는 조선 시대 대표적인 중인 출신 수학자란다. 그는 『구일집』이라는 수학책을 남겼는데, 이 책은 모두 여덟 권으로 되어있고 부록도 있어. 이 책은 『산학계몽』을 골자로 하여 『구장산술』이나 『양명산법』 등에서 추려낸 문제를 당시의 사회적 실정에 알맞도록 수치를 약간씩 바꾸어 수록하고 있는데, 그 문제는 총 166개란다.

홍정하가 얼마나 뛰어난 수학자였는지를 알려주는 다음과 같은 이야기가 있어.

1713년 5월 29일 홍정하는 유수석과 함께 마침 사신의 일행으로 조선에 와 있던 중국의 천문 관리 하국주를 방문하여 수학에 관해 이야기를 나눴어. 하국주는 『역상고성』의 편집에도 참가했던, 당시 중국이 자랑하던 뛰어난 천문학자이자 수학자였지.

홍정하는 워낙 겸손하여 한 수 배우고자 하국주를 찾아갔는데, 하국주는 속으로 "이런 문제를 알겠는가?"라고 얕보며 문제를 냈어.

"360명이 한 사람마다 은 1냥 8전을 낸 합계는 얼마입니까? 그리고 은 351냥이 있습니다. 한 섬의 값이 1냥 5전이라면 몇 섬을 살 수 있겠습니까?"

"앞의 문제의 답은 648냥이고, 다음 문제의 답은 234섬이 됩니다. 그리고 그 계산은 은 1냥은 10전과 같으므로, 첫 번째 문제는 $18 \times 360 = 6480$전이 되어 648냥이 되고 두 번째 문제는 $3510 \div 15 = 234$로 234섬이 됩니다."라고 대답했어. 홍정하가 문제를 금방 풀자 다음으로 도형 문제를 냈단다.

"크고 작은 두 개의 정사각형이 있습니다. 두 정사각형의 넓이의 합은 468평방 자이고, 큰 정사각형의 한 변은 작은 쪽의 한 변보다 6자만큼 깁니다. 두 정사각형의 각 변의 길이는 얼마가 되겠습니까?"

"큰 정사각형은 한 변의 길이가 18자이고, 작은 정사각형은 한 변의 길이가 12자가 됩니다."라고 홍정하와 유수석 두 수학자가 모두 풀었단다.

모두 정답을 맞추자 또 다른 중국 사신인 아제도가 홍정하를 얕보며 하국주의 체면을 살리려고 다음과 같이 말했어.

"하국주께서는 계산에 있어서는 천하의 실력자요. 수학에 대한 조예는 깊기가 한량이 없소. 여러분 따위는 도저히 견줄 바가 못 되오. 하국주께서 많은 문제를 물었으니 이번에는 여러분이 이분에게 문제를 내 보시지요."

그래서 이번에는 홍정하가 하국주에게 문제를 냈단다.

"여기 공 모양의 옥이 있습니다. 이 옥에 내접하는 정육면체가 있을 때, 옥에서 이 정육면체를 뺀 껍질의 무게는 265근이고, 껍질 중 가장 두꺼운 부분의 두께는 4치 5푼입니다. 옥의 지름과 내

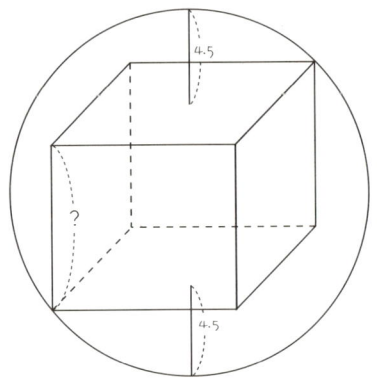

접하는 정육면체의 한 변의 길이는 각각 얼마입니까?"

이 질문에 하국주는 한참을 고민하더니 이렇게 말했어.

"이것은 아주 어려운 문제요. 당장은 풀지 못하지만 내일은 반드시 답을 주겠소."

그러나 하국주는 끝내 답을 내지 못했단다. 사실 이 문제는 구의 부피를 계산하는 문제였어.

그후 그들은 다시 만났고, 홍정하는

"당신이 지참한 서적 중에서 우리에게 전해줄 수 있는 것이 있습니까?"라고 했더니 하국주는 자신이 저술한 『구고도설(句股圖說)』이란 책을 보여 주었어. 이 책은 피타고라스의 정리를 이용하여 푼 문제들이 수록된 것이란다.

중국의 하국주와 조선의 홍정하가 겨룬 한 판에서 작은 나라의

홍정하가 이길 수 있었던 것은 산목 덕분이었어. 그는 산목을 이용하여 어려운 방정식을 척척 풀었던 것이란다. 당시 중국에서는 이미 소멸되어 버린 산목이 조선에는 그대로 보존되어 있었기 때문에 가능했던 것이지. 후에 하국주가 중국으로 돌아갈 때 산목 사십여 개를 얻어 가지고 돌아갔단다. 사실 중국에서는 위와 같은 문제를 취급했던 산학의 명저 『산학계몽』마저 사라져 없었기 때문에, 후일 그것을 입수하려고 했을 때 한국 산학이 없었다면 동양 수학의 명맥이 끊어졌을 것이라고까지 말할 정도였단다.

홍정하의 『구일집』은 어떤 책인가?

『구일집』은 내용의 체계, 수준, 분량으로 볼 때 조선 시대 수학책 중에서 가장 뛰어난 것 중 하나로 손꼽히고 있단다. 저자인 홍정하는 조선 숙종 때 산학 교수를 지낸 사람으로 그의 집안도 대대로 수학 교수를 배출했다는구나. 특히 외할아버지인 경연(慶演)은 조선 중기 최고의 수학자로 일컬어지는 경선징의 조카였어.

『구일집』은 모두 아홉 권으로 이루어져 있으며 473개의 문제가 수록되어 있단다. 그러나 마지막 권인 9권의 '잡록'편에 실린 것까지 하면 모두 512개의 문제가 들어있지. 이 『구일집』에 나오는 문제를 보면 조선 시대의 수학이 어떤 수준이었고 무슨 내용을 주로 다루었는지 알 수 있지. 특히 이 책에는 여러 숫자에 대한 이름이 따로 정해져 있었는데, 이를테면 자주 사용하는 분수를 다음과 같이 불렀단다.

중반 = $\frac{1}{2}$, 소반 = $\frac{1}{3}$, 태반 = $\frac{2}{3}$, 약반 = $\frac{1}{4}$, 강반 = $\frac{3}{4}$

이 중에서 '중반'과 '태반'은 지금도 사용되고 있어. 예를 들어, 축구경기에서 아나운서가 "게임이 중반을 넘어가고 있습니다."라고 하는 말을 들어봤지?

이것은 절반이 지났다는 뜻이란다. 또 여러 가지 과일이 섞여 있는 과일바구니를 샀는데 그 중 대부분이 사과라면 어른들은 이렇게 말씀하시지.

"이거 태반이 사과구나."

$\frac{2}{3}$가 넘으니 대부분이 사과라는 뜻이지.

이 책에 실려 있는 많은 문제 중에서 너희들이 이해할 수 있는 쉬운 문제 두 개를 소개할게.

문제 : "어떤 사람이 약을 먹는데, 첫 날에 한 알을 먹고 15일이 될 때까지 매일 한 알씩 늘려간 다음 말일이 될 때까지 매일 한 알씩 줄이다가 그쳤다. 모두 몇 알이나 되는가?"

이 문제의 풀이는 다음과 같이 주어져 있어.

"이 문제는 풀이법에 따라 15알을 놓고 다시 15알에 하나를 더한 16알과 서로 곱하면 문제에 맞는다."

실제로 이 문제는 현대의 수학식으로 표현하면 (1+2+……+15)+(15+14+……+2+1)=16×15=240과 같단다.

문제 : "은 345냥이 있는데, 세 사람으로 하여금 나누게 하였다. 각각 얼마씩 얻겠는가?"

이 문제의 풀이는 다음과 같이 설명되어 있어.

"풀이법에 따라서 은의 양을 놓아 나눔수로 삼고, 세 사람을 나눗수로 삼아서 나눠주면 문제에 맞는다."

실제로 이 문제의 풀이를 현대의 수학식으로 345÷3=115냥으로 표현할 수 있어.

1 와산이란 무엇인가?

일본에도 전통적인 수학이 있단다. 바로 와산(和算)이라는 것이지. 한자를 보면 '화산'인데 일본식으로 읽으면 '와산'이란다. 전통 수학인 와산은 주판을 사용하는 부분만 살아 있다고 할 수 있어.

일본에서는 17세기 에도 시대부터 수학이 발달하기 시작했어. 일본의 뉴턴이라고 불리는 세키 다카카즈도 이때 탄생했지. 수학이 발달했다고 해도 지금처럼 아이들이 학교에서 배울 수는 없었어. 수학을 정말 좋아하는 사람들은 유명한 수학자를 찾아가 특별히 배워야 했단다.

하지만 당시 서당처럼 아이들이 모여 공부하는 곳에서 주판을 배울 수는 있었지. 옛날 사람들은 주판을 통해서 수학을 배웠다고 할 수 있어. 아래 그림은 아이들이 수학을 배우는 모습이야. 각자 앞에 주판이 놓여 있는 것이 보일 거야.

서당에서 아이들이 주판으로 수학을 배우는 모습

그리고 그곳에는 교실처럼 교훈이 걸려 있는데 다음과 같은 글이 쓰여 있었다는구나.

"수학을 깊이 연구하는 것은 매우 어렵지만 사람들이 일상생활에서 불편을 느끼지 않을 수준의 수학이라면 어려울 것이 없다. 처음에 팔산(八算)의 구구단을 외우고 그 다음에는 각각 자신의 가업에 맞는 수학을 활용하면 그걸로 충분하다. ……"

수학을 배우는 사람의 마음가짐이 쓰여 있다고 할 수 있지. 여기서 팔산이란 1부터 9까지의 나눗셈 구구단을 말하는 것인데, 1단은 쉽기 때문에 제외하고 나머지 2단에서 9단까지 여덟 단의 구구단을 말하는 거야. 당시 주산으로 배우는 수학은 아주 쉬운 덧셈, 뺄셈, 곱셈, 나눗셈 정도였어. 지금 너희들 정도의 실력이면 아마 대단한 수학 선생님이 되었을 거야.

그렇다면 당시 수학을 좋아한 일본 사람들은 어떤 문제를 풀었을까? 재미있는 옛날 수학 문제를 몇 가지 소개할게.

2 재미있는 옛날 일본의 수학 문제

거리 재기

강을 사이에 두고 양쪽에 서 있는 사람의 거리를 재는 문제야. 옛날 일본 사람들은 다음과 같이 거리를 쟀단다. 강 한쪽에서 사람이 그림과 같이 자 끝에 실을 묶어. 그리고 실 끝을 입에 물고 자 꼭대기를

거리재기

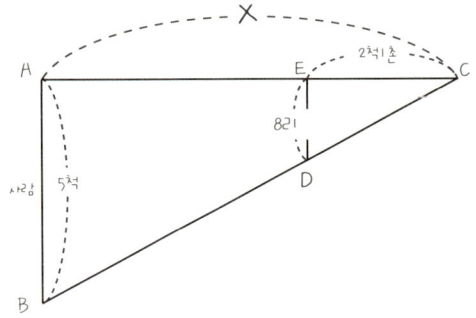

건너편에 있는 사람 머리에 맞추고 그 사람의 키를 재어 봐.

강 건너 사람의 신장을 5척, 실의 길이를 2척 1촌, 그리고 자로 잰 사람의 신장을 8리라고 하면 다음과 같은 방법으로 양쪽의 거리를 알 수 있단다.

이 그림에서 삼각형 ABC와 삼각형 EDC가 생기는 것을 알 수 있어. 그리고 두 개의 삼각형은 서로 닮은 꼴이기 때문에 다음과 같은 비례식을 구할 수 있지.

8리:5척=2척 1촌:x

0.008:5=2.1:x

$$x = \frac{5 \times 2.1}{0.0008} = 1312.5$$

결국 x의 값은 1312.5로 양쪽의 거리는 약 1,312척이라는 것을 알 수 있단다.

계량컵으로 몸무게를 재는 방법

이것은 사람의 몸을 계량컵으로 측정하는 방법이야. 어느 날 한 농부가 "내 몸무게를 계량컵으로 잴 수 있는 방법이 없을까요?"라고 물어서 계량기집 주인은 이렇게 대답했단다.

"그건 매우 간단합니다. 물이 가득 들은 목욕통에 손님이 들어갑니다. 그럼 물이 넘치게 되겠죠? 손님이 다시 나온 후에 계량컵을 이용해 목욕통의 물을 원래대로 가득 채우면 채운 물만큼이

몸무게 재기

손님의 몸무게가 되는 것입니다."

앞의 그림에서 손님이 계량컵집 주인의 생각에 감탄해서 만세를 부르고 있지? 이 문제를 보면 그리스의 아르키메데스가 생각날 거야. 임금님 왕관을 조사하는 방법을 발견하고 목욕탕에서 알몸으로 뛰어나온 아르키메데스 말이야.

다다미 넓이 재기

옛날 일본 주택에는 바닥에 다다미(마루방에 까는 일본식 돗자리)가 깔려 있었단다. 그 다다미에 관한 문제야. 가로 6척, 세로 3척

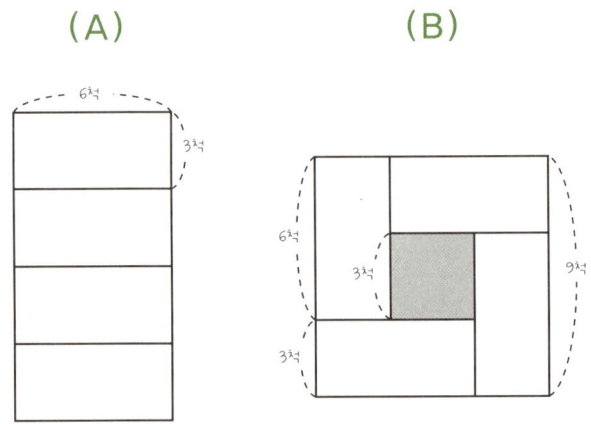

인 다다미가 네 장이 있어. 이 다다미 네 장을 그림 (A)와 같이 놓으면 둘레의 길이는 모두 36척이야.

A의 둘레 길이 : 6 + 3 + 3 + 3 + 3 + 6 + 3 + 3 + 3 + 3 = 36척
B의 둘레 길이 : 9 + 9 + 9 + 9 = 36척

A의 넓이 : 6 × 12 = 72
B의 넓이 : 9 × 9 = 81

똑같은 다다미 네 장을 그림 (B)처럼 정사각형으로 깔아도 둘레는 36척이야. 하지만 (A)와 (B)의 넓이를 비교하면 (B)가 네 변이 3척인 정사각형의 넓이만큼 넓다는 것을 알 수 있지. 즉 둘레가 똑같아도 넓이는 다를 수 있다는 이야기란다. 이 문제 끝에는 "논밭을 사고 팔 때는 줄을 이용해서 재지 마세요."라는 주의 사항이 쓰여 있다고 해. 어때, 재미있지?

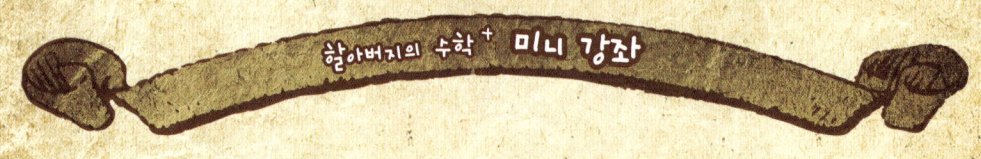

미적분학을 생각해 낸 일본의 수학자 세키 다카카즈

세키 다카카즈(關孝和, 1642~1708)는 1642년에 태어났는데, 1642년은 뉴턴이 태어난 해이기도 하단다. 같은 해에 동양과 서양에서 수학의 대가들이 태어났다는 점은 정말 의미가 있어.

그는 어릴 때부터 수학 신동으로 소문이 자자했어. 여섯 살 때, 벌써 어른들의 주판 계산에서 틀린 부분을 지적하곤 했대. 어른이 되어서는 장군을 모시면서 돈을 관리하는 출납 담당으로 일했어. 일을 하면서도 그는 수학 연구에서 손을 놓지 않았지. 그러다가 1708년 예순일곱 살의 나이에 병으로 죽었단다.

세키 다카카즈는 어릴 때부터 수학에 뛰어난 자질을 보였지만 처음에는 선생님이 필요했지. 커 가면서 더 영리해졌고 나중에는 선생님보다 훨씬 뛰어나게 되었어. 세키 다카카즈가 가장 열심히 연구한 분야가 '점찬술'이야. 이것은 지금 너희가 배우는 수학으로 말하면 대수에 해당해. 그는 중학교 과정에서 배우는 대수를 발명한 거야.

그러나 이것도 역시 중국에서 전해져 온 것이지. 세키 다카카즈가 살던 때보다 약 300년 전에 원나라에 주세걸이라는 수학자가 있었는데, 그는 '천원술'

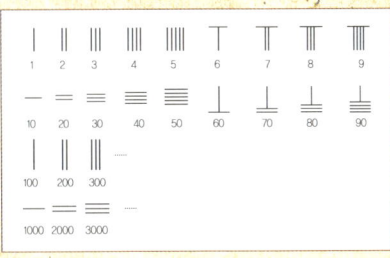

산목   산목을 사용한 수의 표시

을 발명했단다. 이 천원술이 일본에 전해졌는데, 이것이 대수의 시초라고 할 수 있지. 그런데 이 천원술에도 문제점이 있었어. 그것을 발견하여 개량한 것이 점찬술이야. 중학교에서 배우게 될 대수는 서양의 수학이지만, 이것이 일본에도 존재했었던 것은 바로 세키 다카카즈 덕분이란다.

그러나 이 시대에는 아직 숫자가 없었고 a, b, c와 같은 문자도 없었어. 그럼 어떻게 대수를 계산했냐고? 산목을 사용했단다. 주판이 있기는 했지만 점찬술에는 도움이 되지 않았어. 이 산목을 사용하게 된 것도 역시 세키 다카카즈의 노력 덕분이었지.

점찬술이라는 이름은 세키 다카카즈의 제자인 마쓰나가 요시스케라는 사람이 붙였지만 제일 먼저 생각해 낸 사람은 세키 다카카즈란다.

그 밖에도 그가 발명한 학문이 많아. 그중 유명한 것이 원리술, 즉 서양에서 뉴턴이나 라이프니츠가 발명한 미적분학이야. 세키 다카카즈는 이것을 사용하여 원주와 호의 길이는 물론, 다른 곡선의 길이나 면적과 체적도 구했어. 그 방법이 미직분과 매우 비슷했지.

그래서 세키 다카카즈도 미적분학의 발명가 중 한 명으로 꼽힌단다. 그들의 연대를 비교해 보면 다음과 같아.

뉴턴(1642~1727), 라이프니츠(1646~1716), 세키 다카카즈(1642~1708) 세 명 모두 비슷한 시대이기 때문에 누가 누구를 모방했다기보다 각자 독자적으로 생각한 것으로 볼 수 있지. 이렇듯 세키 다카카즈는 많은 책을 쓰고 몇백 명이나 되는 제자를 가르치면서 수학 연구를 계속했어. 그로 인해 에도 시대의 수학은 많이 발달할 수 있었단다.

제8장
뉴턴 이후의 위대한 수학자들

1 장애를 뛰어넘은 오일러

ㄴ 오일러

1707년 스위스에서 태어난 오일러(Leonhard Euler, 1707~1883)는 학생 시절부터 공부를 꽤 잘 했다고 해. 당시 유명한 수학자였던 요한 베르누이에게 수학을 배웠단다. 베르누이는 라이프니츠의 제자로, 그의 집안은 수학자를 여덟 명이나 배출한 유명한 수학자 가문이었어.

오일러의 명성이 알려지자 러시아의 여왕에게 초빙되어 선생이 되었는데, 그때 나이가 스무 살밖에 안 된 젊은 청년이어서 여왕도 놀랐다고 해.

스위스의 오일러

몇 년 후 러시아 아카데미에서 천문학과 관련된 문제를 냈는데 많은 학자들이 풀지 못한 문제를 오일러는 겨우 삼 일 만에 풀었어. 그 뒤 오일러의 이름은 더욱더 유명해졌지. 하지만 오일러는 러시아의 극심한 추위와 지나친 연구 때문에 건강을 해치게 되었고, 결국 눈까지 멀게 되었단다. 하지만 그는 결코 낙담하지 않고 그 후에도 십칠 년간이나 연구를 계속했어. 눈이 보이지 않는데도 자신이 말한 것을 하인에게 받아쓰게 해서 훌륭한 대수책까지 만들었단다.

러시아에 있을 때의 오일러와 관련된 재미있는 일화가 있는데 소개할게. 오일러는 수학 분야뿐만 아니라 철학적 논쟁에도 곧잘 참여했다고 해. 한번은 무신론을 러시아에 설파하고 다니던 프랑스의 유명한 철학자 디드로를 못마땅하게 생각한 여제의 명령으로 토론을 하게 되었단다. 오일러는 "$\frac{a+b^n}{n}=x$이므로 신은 존재

한다. 이것이 참인지 거짓인지에 대해 대답해보시지요?"라고 물었단다. 그러나 수학 지식이 부족했던 디드로는 우물쭈물하다가 망신을 당하고 결국 프랑스로 달아나 버렸어. 사실 이 수식은 아무런 의미가 없었기에 적절한 답을 찾을 수 없었던 질문이었어.

오일러는 원주율을 나타내는 기호인 파이를 발명해서도 유명하단다. 원주율은 3.1415……로 알려져 있지만 기호화한 것은 오일러가 1736년에 쓴 논문집에서 원주율을 P로 표시한 뒤부터야. 1737년에 이 기호를 버리고 π(파이)를 사용했는데, 오일러로 인해 π가 원주율의 기호로 확정되었다고 볼 수 있지.

또 여러 분야에 관심이 많았던 오일러는 마방진에도 흥미를 가졌고 여러 형태의 마방진을 만들기도 했어.

1	48	31	50	33	16	63	18
30	51	46	3	62	19	14	35
47	2	49	32	15	34	17	64
52	29	4	45	20	61	36	13
5	44	25	56	9	40	21	60
28	53	8	41	24	57	12	37
43	6	55	26	39	10	59	22
54	27	42	7	58	23	38	11

오일러의 마방진

끝으로 유명한 오일러의 공식을 소개하고 넘어갈게. 다각형으로 둘러싸인 입체도형을 다면체라고 한단다. 이때 다면체를 둘러싸고 있는 다각형을 면, 다각형의 변을 모서리, 다각형의 꼭지점을 다면체의 꼭지점이라고 한단다. 다면체는 그 면의 개수에 따라 사면체, 오면체, 육면체, ……라고 부르지. 구와 연결 상태가 같은 다면체에서 꼭지점의 개수를 v, 모서리의 개수를 e, 면의 개수를 f라고 하면 항상 $v-e+f=2$가 성립하는데, 이 식을 오일러의 공식이라고 해. 여러 가지 다면체를 그려서 직접 확인해 보면 재미있겠지?

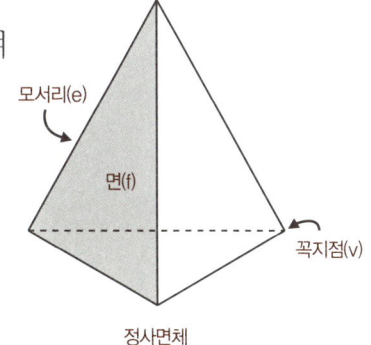

정사면체
v(4)-e(6)+f(4)=2

2 미터법을 만든 라그랑주

J. L. 라그랑주

18세기 프랑스에는 유명한 수학자가 많이 태어났는데 라그랑주(Joseph Louis Lagrange, 1736~1813)도 그 중 한 사람이야. 이탈리아의 토리노에서 태어난 라그랑주는 어렸을 때는 수학에 별로 흥미를 느끼지 못하다가, 잉글랜드의 천문학자 에드먼드 핼리의 책을 읽은 후 재미를 붙여 그때부터 열심히 공부하기 시작했어. 머리가 좋아서 얼마 되지 않아 훌륭한 수학자가 되었지.

그는 열아홉 살에 왕립 육군학교의 수학 교수가 되었어. 남들은 학생으로 시험에 바쁠 나이에 라그랑주는 교수가 되었던 거야. 이후 이 년간 열심히 수학 연구에 몰두해서 당대 최고의 수학자가 되었단다. 서른 살이 되던 해 독일의 프리드리히 대왕에게서 다음과 같은 편지가 왔어.

"유럽 제일의 대왕은 유럽 제일의 수학자인 그대가 꼭 와주기를 바란다."

그가 얼마나 뛰어난 수학자였는지 알 수 있겠지. 그는 이 초대를 흔쾌히 받아들이고 독일로 가서 이십 년 넘게 수학을 연구했단다.

그뒤 프랑스로 돌아와 이번에는 루이 16세를 위해 일했어. 이때 프랑스에 혁명이 일어나 왕은 물론 학자부터 귀족들이 모두 살해되거나 감옥에 갇혔는데, 나폴레옹은 "라그랑주는 죽이지 말라."고 명령을 내렸대. 아르키메데스를 죽이지 말라고 하던 로마 대장이 생각나지?

그것은 라그랑주가 당시 프랑스 제일의 대 수학자였기 때문만

이 아니라, 온후한 성격으로 많은 사람의 존경을 받았기 때문이야.

라그랑주의 업적 중에서 기억해야 할 것은 미터법이라는 도량형을 만든 일이야. 프랑스에서 이 미터법을 정할 때 라그랑주는 위원장으로 큰 역할을 했어. 그리고 1813년 파리에서 세상을 떠날 때까지 라그랑주는 많은 수학적 업적을 남겼단다.

3 몽주와 화법기하학

G. 몽주

프랑스 수학자 몽주(Gaspard Monge, 1746~1818)는 1746년 본에서 태어났어. 아버지가 행상을 했기 때문에 집안은 늘 가난했지만, 몽주는 어렸을 때부터 공부를 잘해서 열네 살에는 화력 기계를 만들고, 열여섯 살에는 중학교 선생님이 되었지. 몽주의 장래 희망은 육군 교관이었지만, 당시 프랑스에서 가난한 사람은 육군이 될 수 없어서 꿈을 포기해야 했단다.

　당시에는 성을 쌓는 설계도를 제작하려면 굉장히 복잡한 계산법을 써야 했어. 하지만 몽주는 기하학을 응용해서 간단하게 계산하는 방법을 발명해냈고 덕분에 몽주는 사령관에게 실력을 인정받아 스물두 살 때 꿈꾸던 육군 교관이 되었단다.

그 후에도 기하학 연구를 계속해 마침내 '화법기하학(畫法幾何學)'을 발명했고, 재능을 인정받아 나폴레옹에게 발탁되어 백작의 지위에까지 올랐어.

4 위대한 수학자 가우스

C. F. 가우스

아르키메데스, 뉴턴과 함께 3대 수학자 중 한 명으로 꼽히는 가우스(Carl Friedrich Gauss, 1777~1855)는 1777년 독일의 가난한 벽돌공 집안에서 태어났어. 어릴 적부터 뛰어난 수학적 재능을 보였지만, 아버지는 가우스가 공부하는 것을 싫어하고 벽돌공이 되길 바라셨지. 하지만 공부를 좋아했던 가우스는 아버지 일을 도우면서 틈틈이 혼자 공부했단다.

가우스가 열 살이 됐을 때야. 산수 시간에 뷔트너 선생님이 학생들에게 다음과 같은 어려운 문제를 냈단다.

"1부터 100까지의 모든 정수를 쓰고 그 합을 구하여라."

학생들이 그런 종류의 문제를 공부해 본 적이 없었기 때문에 선생님은 얼마 동안 자신이 편히 쉴 수 있을 거라고 생각했지. 그러나 그의 생각은 틀렸어. 왜냐하면 단지 몇 초밖에 지나지 않아서 가우스가 그것을 풀었기 때문이야.

가우스는 놀란 선생님에게 그가 어떻게 그 답을 찾았는지를 설명했어.

"$1+100=101$, $2+99=101$, $3+98=101$, $\cdots\cdots$, $49+52=101$, $50+51=101$이고 이것들은 합이 101인 50개의 쌍이므로 구하는 합은 $50 \times 101 = 5050$입니다."

현명했던 선생님은 가우스가 장래 뛰어난 수학자가 될 것이라 생각하고, 독일 함부르크에서 수학책을 주문해서 사주셨어.

가우스는 자신의 계산 능력에 대해 다음과 같이 친구에게 말하곤 했단다.

"나는 말보다 계산하는 법을 먼저 깨우쳤다."

그가 얼마나 천재적인 수학 능력을 타고 났는지 알 수 있을 거야.

선생님은 이런 천재 소년이 벽돌공이 되는 것을 안타깝게 여겨 브룬스비크의 페르디난트 공작에게 가우스의 교육을 부탁했단다. 페르디난트 공작은 기꺼이 가우스를 카롤링 고등학교에 보내 주었어. 마침내 원하던 수학 공부를 마음껏 하게 된 가우스가 기뻐

한 것은 말할 필요도 없겠지. 또 가우스는 어학에도 뛰어나 장래 어학자가 될지 수학자가 될지 망설일 정도였어. 그후 괴팅겐 대학에 입학했는데 대학 교수들과 비슷한 실력을 갖추게 되었단다.

뉴턴이나 오일러, 라그랑주 등의 수학 저서를 읽은 그는, 정17각형의 작도법을 발견해서 세상을 놀라게 했지. 그리스 시대 이후 원에 내접하는 정5각형 이상의 정다각형을 작도할 수 있는 방법에 대해서 많은 사람들이 연구했지만 해결하지 못하고 있었어. 하지만 1795년 10월 15일에 대학에 입학한 가우스는 입학한 지 일년이 채 되지 않아서 작도법을 발견했단다.

가우스는 천문학에도 뛰어난 재능을 발휘했어. 천문학에 수학의 원리를 응용하여 훌륭한 연구 결과를 발표했지. 러시아 정부는 그의 명성을 듣고 스물다섯 살의 청년 가우스를 천문대장으로 초빙했어. 하지만 독일에서 뛰어난 천재를 다른 나라에 보내는 것을 손실이라고 생각해 반대했기 때문에 갈 수 없었단다. 그후 독일 괴팅겐에 천문대가 완성되자, 가우스는 이곳의 천문 대장이 되어 죽을 때까지 연구를 계속했단다.

가우스의 수학적 업적은 너무 많기 때문에 여기서는 모두 설명할 수 없어. 대신 그에 관한 일화를 소개할게.

프랑스의 대단한 수학자 라플라스에게 유명한 탐험가인 훔볼트(Humboldt, 1769~1859)가 다음과 같이 질문했어.

"독일에서 가장 위대한 수학자는 누구입니까?"

사실 훔볼트는 그 대답으로 가우스를 원했어. 그러나 라플라스는

"독일에서 가장 위대한 수학자는 파프(Pfaff, 1765~1825)입니다"라고 대답했어. 실망한 훔볼트는

"가우스를 어떻게 생각합니까?"라고 물었는데 라플라스는

"가우스는 이 세상에서 가장 위대한 수학자입니다."라고 대답했지. 그 당시 프랑스와 독일은 적대 관계에 있었지만 프랑스인인 라플라스는 가우스를 칭찬하는 데 주저하지 않았단다.

5. 여성이라는 편견에 맞선 코발레프스카야

지금까지 역사적으로 뛰어난 수학자들에 대해서 많이 이야기했지만 모두 남자들뿐이었지? 하지만 여자 중에서도 위대한 수학자가 많이 있단다. 소냐 코발레프스카야(Sonja Kovalevskaya, 1850~1891)도 그 중 한 사람이야.

S. 코발레프스카야

코발레프스카야는 1850년 러시아의 모스크바에서 태어났어. 아버지가 파병 장관이었기 때문에 세계

각지를 여행할 기회가 많았단다. 소냐는 어릴 때부터 시를 좋아해서 나중에 크면 시인이 되고 싶다고 생각할 정도였지. 또 책을 좋아해 언제나 도서실에서 책읽기에 몰두하곤 했단다. 특히 새로운 과학의 발명이나 수학에 관한 이야기를 좋아해 그런 분야의 책을 많이 읽었어.

자라서는 상트페테르부르크에 있는 학교를 다니게 되었는데 수학에서 매우 뛰어난 실력을 보였지. 소냐의 뛰어난 실력은 곧 선생이나 학생들 사이에서 유명해졌어. 1807년 가을, 소냐는 독일의 베를린으로 가서 당시 유명한 수학자였던 바이어슈트라스(Weierstrass, 1815~1897)의 집을 찾아갔단다. 당시 베를린 대학은 여학생들이 다닐 수 없었지만, 유명한 수학자였던 바이어슈트라스에게 배우고 싶어서 개인 교수를 부탁하러 간 것이었지.

바이어슈트라스는 처음에 소냐의 실력을 의심하여 몇 가지 문제를 풀어보게 했단다. 소냐가 한 문제 한 문제 정교하게 풀이하는 것을 보고 그녀의 실력을 인정하게 되었어. 이후 바이어슈트라스는 소냐의 선생님이면서 함께 학문을 연구하는 친구가 되었단다.

바이어슈트라스 밑에서 사 년간 공부한 소냐는 놀랄 정도로 실력이 발전해 마침내 괴팅겐 대학교에서 명예박사 학위를 받게 되었어. 그후 스톡홀름 대학의 교수가 되었는데 세세 최초의 여자 대학 교수가 탄생하게 된 것이지. 그녀는 1888년 서른여덟 살의 나이로「고정점을 중심으로 한 고체의 회전문제에 관하여」라는 논문으로 프랑스 과학원으로부터 유명한 보르딘 상을 수상했단다. 당시 프랑스 과학원에 제출된 논문은 모두 열다섯 편이었는데, 그녀의 논문이 최고로 인정받았고 너무 뛰어났기 때문에 상금이 3,000프랑에서 5,000프랑으로 올랐대. 그러나 애석하게도 코발레프스카야는 이 영광스러운 상을 받고 돌아오는 길에 감기에 걸렸고, 이것이 폐렴으로 악화되어 결국 1891년 2월 10일에 마흔한 살의 나이로 세상을 떠나고 말았단다.

그녀는 1884년부터 1891년 죽을 때까지 스톡홀름 대학교의 수학 교수로 재직했어. 그녀의 좌우명은

"아는 것을 말하라. 반드시 해야 할 것을 행하라. 가능성 있는 것을 성취하여라."였대.

세상과 싸워 나갔던 대단한 열정으로 그녀의 명성은 유럽 전역에 퍼졌고, 그녀 스스로도 여성의 인권 신장을 위하여 열심히 노력했어. 그 결과 종래의 여성 교수 채용에 대한 반대론은 자취를 감추게 되었고 이후로도 소냐는 수학적으로 뛰어난 연구 성과들을 발표했단다.

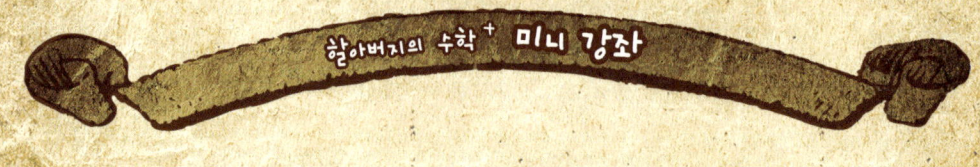

한 붓 그리기

(A)

그림 (A)처럼 집 모양의 도형이 있어. 연필을 떼지 않고 이 도형을 한 번에 그리는 것이 문제야. 물론 같은 곳을 두 번 지나서도 안 된단다. 어때? 그릴 수 있을까? 그릴 수 없단다. 이것이 많은 사람들이 수학 놀이로 생각하는 '한 붓 그리기 문제' 란다.

(B)   (C)

한 붓 그리기 문제에는 여러 가지 도형이 있어. 별 모양의 (B)같은 그림은 피타고라스 학교의 배지가 생각나지? 이것도 한 번에 그릴 수 있어. (C)는 이슬람교의 상징이야. 이슬람 사람들은 전쟁이 일어나면 칼 끝으로 모래 위에 달이 서로 등을 맞댄 것 같은 도형을 한 번에 그리고 나서 전투에 나갔다고 해.

이런 '한 붓 그리기' 문제는 바로 오일러에게서 비롯되었단다.

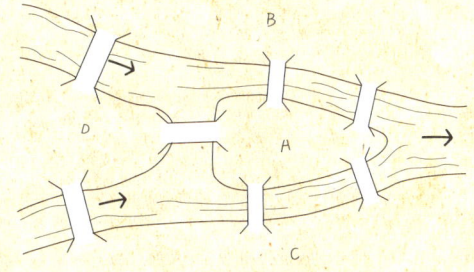

독일의 쾨니히스베르크라는 마을에는 프레겔 강이 흐르고 있었어. 그 강에는 일곱 개의 다리가 있었는데, 사람들은 같은 다리를 두 번 거치지 않고 모든 다리를 건널 수 있을지 항상 궁금해 했지. 오일러는 그 문제가 불가능하다는 것을 간단히 증명했어. 다리는 선분으로, 땅은 점으로 바꾸면 이 다리는 다음과 같은 그림이 된단다.

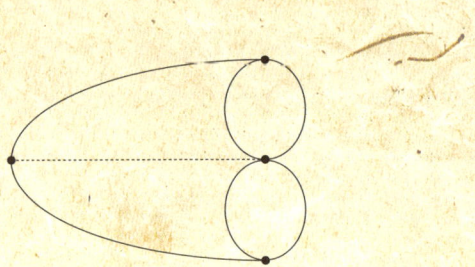

 이 다리는 홀수점이 네 개 있어서 한 붓 그리기가 불가능해. 한 붓 그리기는 홀수점의 개수가 없거나 두 개일 경우에만 가능하기 때문이야. 이와 같이 점과 선분만으로 이루어진 도형을 그래프라고 하지. 이 이후로 그래프이론과 위상수학이라는 새로운 수학 분야가 탄생하게 되었단다.

제9장

마방진은 어떻게 만들어졌을까?

1 거북이 등에서 시작된 마방진

    수학의 숫자 놀이 중 재미있고 신기한 것이 많은데 그 중 하나가 마방진이야. 마방진(魔方陣)은 처음에는 1부터 9까지의 숫자를 정사각형 속에 배열해서 가로, 세로, 대각선으로 어느 방향으로 더해도 모두 15가 되게 하는 놀이였단다. 서양 사람들은 이 마방진을 보고 마법이라도 쓴 것처럼 신기하게 생각해 '매직 스퀘어(magic square)'라고 불렀대. 또 이

마방진을 만들어 문이나 집안에 붙여 두면 절대로 병에 걸리지 않는다고 생각했다고 하는구나.

이 신기하고 재미있는 마방진은 어디서 태어났을까?

중국에는 오래 전부터 마방진에 관한 전설이 전해 오고 있어. 지금으로부터 약 4000년 전 중국 하나라의 우왕 시대의 일이야. '낙수'라는 지역의 '낙강'이 넘치는 것을 막기 위해 공사를 하고 있던 중, 강 한복판에 커다란 거북이 한 마리가 나타났어. 사람들은 모두 놀라 거북이를 자세히 살펴보았지. 그런데 거북이 등에

(A) 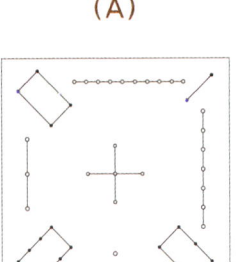 (B)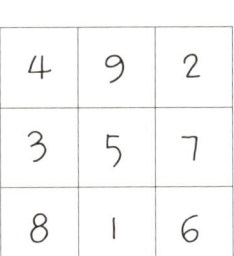

신비한 무늬가 새겨져 있었단다. 이를 이상하게 여긴 사람들은 거북이 등에 있는 무늬를 해석해 보려고 숫자로 나타냈어.

이 숫자 표에서 알 수 있듯이 가로줄, 세로줄, 대각선 위의 숫자들의 합이 모두 15가 되지. 이것은 우리에게는 하나의 숫자놀이에 불과하지만, 옛날 중국 사람들에게는 매우 중요한 의미가 있었단다.

동양 사상의 기본을 이루는 것 중 하나로 음양오행설을 들 수 있어. 거북이 등에 있는 숫자들은 바로 오행에 관한 것이었지.

(A)는 3000년 전 『역경』이라는 중국책에 쓰인 마방진으로 중국 사람들은 이것을 낙서(洛書)라고 불렀어. 이것이 세계에서 제

일 오래된 마방진이란다. 지금 숫자로 바꿔보면 (B)와 같은 마방진이 되지.

중국에서는 마방진이 옛날부터 잘 알려져 있었지만, 1부터 9까지의 숫자를 나열한 한 가지 종류만 있었대. 다른 종류의 마방진이 나타난 것은 1270년 무렵이야. 송나라 양휘(楊輝)라는 사람의 수학책 『속고적기산법』(1275)에서는 (C)와 같은 마방진을 볼 수 있어. 1부터 16까지의 숫자를 열여섯 칸에 배열해서 어느 쪽으로 더해도 합이 34가 되는 복잡한 마방진이었단다.

(C)

2	16	13	3
11	5	8	10
7	9	12	6
14	4	1	15

2 여러 나라의 마방진

인도의 마방진

인도에서도 중국보다 늦긴 했지만 마방진이 발달했단다. 12세기 무렵 경전에 나타났는데, 아래 그림과 같은 마방진이었다고 전해지고 있어.

(A)

7	12	1	14
2	13	8	11
16	3	10	5
9	6	15	4

(B)

19 9 25 15	15 3 25 19
19 25 9 15	15 25 9 19

(A)는 중국의 마방진과 마찬가지로 1에서 16까지 숫자를 썼지만 나열 방법이 조금 다르지? 또 네 개의 작은 마방진이 (B)처럼 나열된 신기한 것도 있었어.

서양의 마방진

서양에서 처음으로 마방진이 나타난 것은 1300년 무렵이어서, 중국이나 인도보다 한참 늦은 것을 알 수 있어. 앞에서도 말한 것처럼 서양 사람들은 마방진에 마술 같은 힘이 있다고 생각했기 때문에 점을 치거나 의사가 은으로 된 판에 마방진을 새겨 나쁜 병이나 마귀를 쫓는 부적으로 사용했단다.

A. 뒤러의 「멜랑콜리아」 부분

또 16세기의 독일 화가 알브레히트 뒤러(Albrecht Dürer, 1471~1528)는 마방진을 아름다운 미술 작품 속에 그려 넣기도 했어.

뒤러는 수학에도 정통했는데 그의 유명한 작품 「멜랑콜리아」 속에 (C)와 같은 마방진을 그려 넣었단다.

(C)

16	3	2	13
5	10	11	8
9	6	7	12
4	15	14	1

이 마방진은 가로, 세로, 대각선으로 더해도 모두 34가 되지만 그림 (D)처럼 직사각형의 네 귀퉁이에 해당하는 수를 더해도 또 그림 (E)처럼 정사각형의 네 귀퉁이에 해당하는 수를 더해도 모두 34가 되지.

특히 15와 14는 이 그림의 제작년도인 1514년과 같단다.

그런데 뒤러는 「멜랑콜리아」에 왜 4×4 마방진을 그려 넣었을까? 당시에는 수에 신비한 의미를 부여하여 3×3 마방진은 토성,

(D)

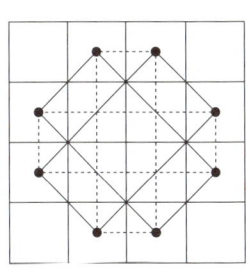

(E)

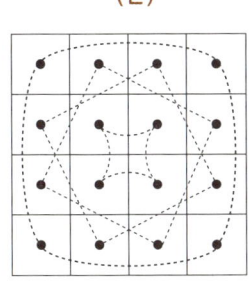

(F)

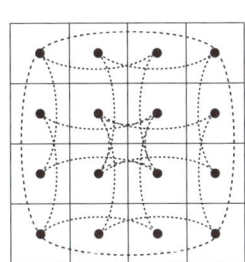

4×4 마방진은 목성, 5×5 마방진은 화성, 6×6 마방진은 태양, 7×7 마방진은 금성, 8×8 마방진은 수성, 9×9 마방진은 달을 상징했단다. 창의적인 일을 하는 사람은 측량과 연금술의 신인 토성의 영향을 받는다고 생각했고 사색에 열중하면 우울한 기질이 생기므로 목성의 힘을 빌리면 기분을 전환할 수 있다고 믿었대. 그래서 뒤러는 자신의 그림에 4×4 마방진을 그려 넣은 것이란다. 그림의 제목 '멜랑콜리아'도 사실은 우리나라 말로 하면 '우울증'이라는 뜻이야. 그러니 그림과 마방진은 참 잘 어울리지.

우리나라의 마방진

한국의 마방진하면 떠오르는 인물은 조선 시대의 양반 수학자 최석정이야. 최석정이 쓴 『구수략』에는 다양한 모양의 수 배열이 담겨 있는데, 마방진을 많이 다루고 있는 중국의 수학책인 『양휘산법』이나 『산법통종』에 나온 것 외에 독창

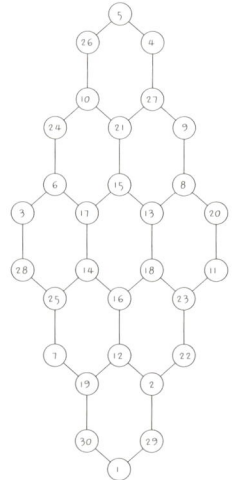

적으로 만든 것이 많이 있단다. 그 중 앞의 그림은 '낙서육구도(落書六九圖)' 또는 거북무늬 그림이라는 뜻의 '지수구문도(地數龜文圖)'라고 하는 것으로 1부터 30까지의 자연수를, 변을 공유하는 아홉 개의 육각형으로 배열하여 각 육각형마다 여섯 개의 수의 합이 항상 93이 되도록 한 것이란다.

일본의 마방진

일본에서는 17세기 에도 시대에 중국의 『산법통종』이라는 책을 통해 마방진을 알게 되었어. 이후 일본 사람들도 나름대로 다양한 종류의 마방진을 발달시켰단다. 이소무라 요시노리(磯村吉德)라는 사람은 3차, 4차, 5차, ……, 10차 마방진까지 만들어 냈다고 해.

마방진은 정사각형 모양이지만 원 모양의 마방진도 있었어. 원진(圓陳) 혹은 원찬(圓欑)이라고도 불렀단다. 원진은 다음 그림처럼 세 개의 원을 그리고, 세 개의 지름 위에 1부터 19까지의 수를 써 넣는 마방진이야. 단 1은 항상 중심에 놓인단다. 원 둘레에 있

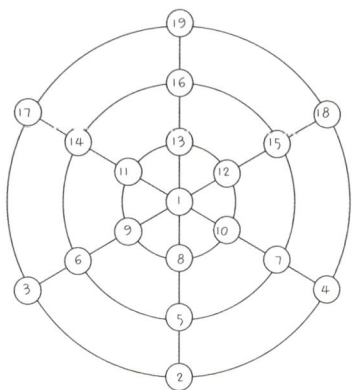

는 수, 혹은 지름 위에 있는 수를 더하면 모두 64가 돼. 정말 64가 되는지 한 번 계산해보렴.

3 마방진 만들기

 마방진은 보기에는 간단해 보이지만 만들기는 쉽지 않단다. 또 숫자를 어떻게 나열하느냐에 따라 굉장히 많은 종류의 마방진을 만들 수 있어. 4차 마방진의 경우 4000개가 넘는 방법이 있다고 해. 그럼 이런 마방진은 어떻게 만드는지 알아볼까?

홀수 마방진

 홀수 마방진은 3차, 5차, 7차와 같이 줄과 열이 홀수칸으로 만들어진 마방진이야. 우선 3차 마방진부터 설명해 볼게.

우선 가로 세로 세칸짜리 정사각형을 만들어. 그리고 그림 (1) 처럼 바깥쪽에 점선으로 작은 정사각형을 덧붙인단다. 그리고 1, 2, 3, ……, 9까지 숫자를 대각선으로 적어 넣어. 그리고 정사각형 바깥에 있는 수를 그 줄에서 가장 멀리 떨어진 빈칸에 넣으면 그림 (2)와 같은 마방진이 만들어진단다.

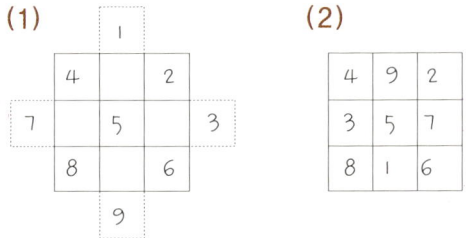

5차 마방진도 마찬가지야.

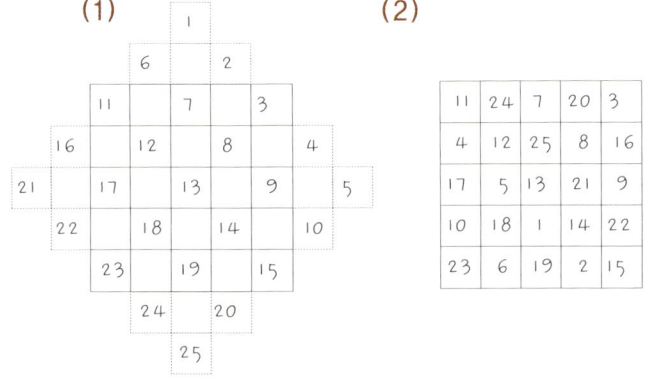

이번엔 또 다른 방법을 설명해 볼게.

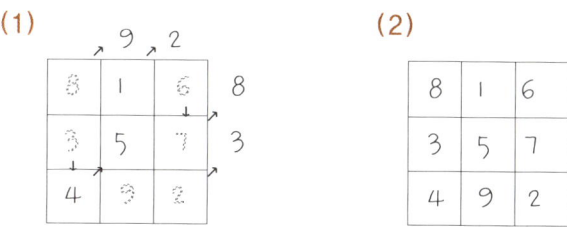

먼저 그림 (1)처럼 세 칸짜리 정사각형을 만든 뒤 맨 윗줄 가운데 칸에 1을 써 넣어. 2는 1의 사선 위쪽에 적는데, 이럴 경우 정사각형을 벗어나게 돼. 그러면 그 줄에서 가장 먼 칸에 2를 넣어. 다음 3의 경우도 2의 사선 위로 적는데 마찬가지로 정사각형을 벗어나니까, 그 줄에서 가장 먼 칸에 3을 넣으면 돼. 다음 4도 3의 사선 위로 적는데 이미 1이 있으니까, 이럴 경우에는 3의 바로 아래 칸에 적어. 다음 5는 4의 사선 위쪽에, 6은 5의 사선 위쪽에 쓰면 돼. 자, 이제 7을 볼까? 7의 경우는 사선 위쪽에 아무 것도 없으니까 6아래에 적어. 이렇게 차례로 숫자를 채워나가면 그림 (2)와 같은 마방진이 만들어진단다.

짝수 마방진

짝수 마방진은 4차, 8차, 10차와 같이 가로 세로가 짝수인 마방진이야. 4차 마방진을 예로 들어볼게. 아래 그림 (1)처럼 1에서 4까지의 수를 대각선을 따라 적어.

1			4
	2	3	
	2	3	
1			4

(1)

1	3	2	4
4	2	3	1
4	2	3	1
1	3	2	4

(2)

1	4	4	1
3	2	2	3
2	3	3	2
4	1	1	4

(3)

0	12	12	0
8	4	4	8
4	8	8	4
12	0	0	12

(4)

1	15	14	4
12	6	7	9
8	10	11	5
13	3	2	16

(5)

그리고 그림 (2)와 같이 세로줄을 더해서 10이 되도록 1에서 4까지의 수를 적어 넣어. 1의 세로줄이 10이 되기 위해서는 4를 두 개 써 넣어야 되겠지? 2의 세로는 3을 두 개, 3의 세로는 2를 두 개, 4의 세로는 1을 두 개씩 적어 넣으면 그림 (2)처럼 된단다. 이번엔 정사각형의 가로와 세로를 바꾸어놓아. 그럼 그림 (3)처럼 되겠지. 이 그림이 바로 마방진을 만드는 열쇠란다. 그림 (3)에서 숫자 1, 2, 3, 4 대신에 각각 0, 4, 8, 12를 대응해서 넣으면 그림 (4)처럼 된단다. 이번엔 그림 (4)를 그림 (2)의 마방진과 겹쳐 합한 수를 각각의 칸에 넣어. 그러면 그림 (5)처럼 가로, 세로, 대각선의 합이 모두 34가 되는 4차 마방진이 만들어진단다. 조금 복잡하긴 하지만 6차 마방진도 같은 식으로 만들 수 있어.

  마방진 만들기는 지금까지 소개한 것 외에도 다양한 방법이 있단다. 재미있는 마방진 놀이를 하면서 어떤 원리로 만들어지는지 너희들도 한번 연구해 봤으면 해. 그런 호기심이 바로 수학을 재미있게 공부할 수 있는 만들어주는 비결이란다.

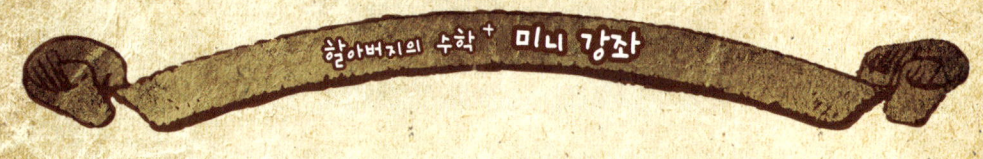

마방진은 어디에 사용되었을까?

n차 마방진이란 가로줄과 세로줄이 각각 n개이고 1부터 n×n까지 자연수를 꼭 한 번씩 사용하여 가로줄과 세로줄 그리고 대각선 방향의 합이 모두 같도록 만들어진 것이란다. 이와 같은 것을 '마방진(魔方陣)'이라 이름 붙인 이유는 옛날 사람들이 이것을 대문에 붙여 놓으면 나쁜 마귀가 밤새워 그 문제를 해결하느라고 집 안에 들어 올 수 없다고 생각하여 나쁜 마귀를 물리치는 부적으로 사용했기 때문이야. 또한 유럽에서도 점성술사들은 이것을 은판에 새겨서 부적으로 이용하였단다.

이 신비한 마방진은 유럽으로도 건너가 '매직 스퀘어(magic square)'란 이름으로 통용되었어. 3차에서 출발하여 다양한 종류가 있는 마방진은 우리나라에서는 1275년 중국의 양휘가 지은 『양휘산법』이라는 책을 통하여 소개되었지. 이것은 당시의 우리나라 수학자들에게도 재미있는 문제의 하나로 여겨졌단다.

한편 동양에서는 마방진이 실용화되지 못했어. 그러나 영국의 학자인 피셔는 라틴 마방진이라는 이름의 마방진을 이용하여 농업의 생산성을 조사하는데 좋은 효과를 보았단다. 마방진은 현재까지도 동양뿐만 아니라 서양에서도 다양하게 연구되고 있어.

마방진은 특히 이슬람교에서 애호되었어. 이들은 마방진이 일찍이 아담에게 계시되었던 아홉 문자, 즉 고대 셈어 어순에 나타나는 최초의 알파벳 아홉 자를 담고 있다고 믿었지. 마방진은 9, 16, 25, 36 등과 같이 제곱수로 이루어진 칸을 가진 정사각형 모양으로 만들어졌어. 그때그때마다 특정한 상수, 즉 항상 같은 수를 가지는 마방진은 중세에는 별과 연관되었단다. 목성은 16칸, 화성은 25칸, 태양은 36칸, 금성은 49칸, 수성은 64칸, 달은 81칸의 마방진이었어. 토성 마방진은 9칸을 가지고 있었지. 이 마방진의 수를 모두 합하면 45가 되는데 45는 토성의 아랍어 명칭인 zuhal의 수 값과 같았어.

아랍인들은 마방진이 특별한 힘을 갖고 있다고 믿었지. 그들은 산모에게 특정한 마방진 부적을 주면 출산이 훨씬 쉬워진다고 믿었단다. 또한 종교전쟁에 나서는 터키와 인도의 전사들은 웃옷에 마방진 부적을 달고 출정하였는데 그 웃옷은 반드시 사십 명의 처녀가 짜야 했어. 마방진은 예언에 이용되기도 했지. 예를 들어 어떤 이름과 날짜 그리고 지명에서 수 값을 뽑은 다음, 7과 같은 의미 있는 수로 곱하거나 또는 특정한 수를 감하고 나서 그 수를 합한 후 그 결과로 나온 수를 가지고, 결혼이 행복할 것인지, 병자가 회복될 것인지 등등 여러 가지를 점쳤단다.

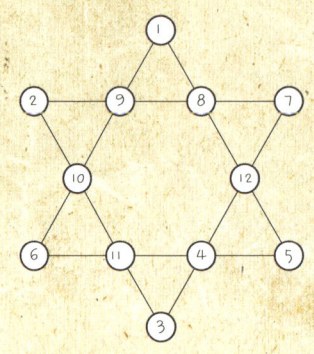
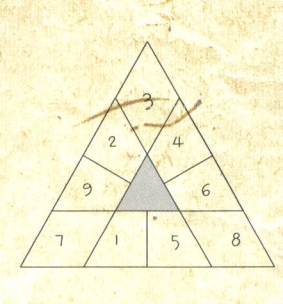

　마방진에는 정사각형 모양 이외에도 다양한 것이 있단다. 예를 들어 성진(星陣)은 별 모양의 도형에 숫자를 넣는 것이란다. 그림과 같은 모양의 각 교점에 1부터 12까지의 자연수를 하나씩 넣어 일직선상의 네 숫자를 어느 방향으로 합하든지, 그 합이 모두 같아지게 했어. 또 삼각진이란 것도 있단다. 삼각진은 그림과 같이 정삼각형의 둘레를 9칸으로 나누어 1부터 9까지 한 번씩 써 넣어 세 변의 합이 모두 같아지게 하는 것이란다.

　현재 인기를 끌고 있는 스도쿠도 원리에서 보면 이런 마방진에서 출발한 것이라고 할 수 있지. 어때, 너희들도 새로운 마방진을 한 번 만들어 보지 않을래?

행복한 수학영재로 키워주는
어린이를 위한 수학의 역사 4

| 펴낸날 | 초판 1쇄 2008년 7월 24일 |
| | 초판 7쇄 2016년 10월 10일 |

지은이	후지와라 야스지로 · 이광연
펴낸이	심만수
펴낸곳	(주)살림출판사
출판등록	1989년 11월 1일 제9-210호

주소	경기도 파주시 광인사길 30
전화	031-955-1350 팩스 031-624-1356
홈페이지	http://www.sallimbooks.com
이메일	book@sallimbooks.com

ISBN   978-89-522-0878-1   74410

살림어린이는 (주)살림출판사의 어린이 브랜드입니다.

※ 값은 뒤표지에 있습니다.
※ 잘못 만들어진 책은 구입하신 서점에서 바꾸어 드립니다.

사용연령	8세 이상	제조국	대한민국
제조년월	2016년 10월 10일	제조자명	(주)살림출판사
연락처	031-955-1350		
주소	경기도 파주시 광인사길 30		
주의사항	책을 던지거나 떨어뜨리면 모서리에 다칠 우려가 있으니 주의하세요.		

KC마크는 이 제품이 공통안전기준에 적합하였음을 의미합니다.